MW01378317

BESTACTIVITYBOOKS.COM

PREMIERE ÉDITION

Dépôt légal, 2022

Illustration Graphique Extra: www.freepik.com
Merci à Alekksall, Starline, Pch.vector, Rawpixel.com, Vectorpocket, Dgim-studio, Upklyak, Macrovector, Stockgiu, Pikisuperstar & Freepik.com Designers

5 ASTUCES POUR DÉMARRER !

1) COMMENT RÉSOUDRE LES MOTS MÊLÉS

Les puzzles sont dans un format classique :

- Les mots sont cachés sans espaces, tirets, ...
- Orientation : Les mots peuvent être écrits en avant, en arrière, vers le haut, vers le bas ou en diagonale (ils peuvent être inversés).
- Les mots peuvent se chevaucher ou se croiser.

2) UN APPRENTISSAGE ACTIF

Un espace est prévu à côté de chaque mots pour noter la traduction. Pour favoriser un apprentissage actif un **DICTIONNAIRE** à la fin de cette édition vous permettra de vérifier et étendre vos connaissances. Cherchez et notez les traductions, trouvez-les dans le Puzzle et ajoutez-les à votre vocabulaire !

3) MARQUEZ LES MOTS

Vous pouvez inventer votre propre système de marquage. Peut-être en utilisez-vous déjà un ? Sinon, vous pourriez, par exemple, marquer les mots qui ont été difficiles à trouver d'une croix, ceux que vous avez aimés d'une étoile, les mots nouveaux d'un triangle, les mots rares d'un diamant, etc...

4) STRUCTUREZ VOTRE APPRENTISSAGE

Cette édition vous offre un **CARNET DE NOTES** très pratique à la fin du livre. En vacances ou en voyage ou à la maison, vous pouvez facilement organiser vos nouvelles connaissances sans avoir besoin d'un second bloc-notes !

5) VOUS AVEZ FINI TOUTES LES GRILLES ?

Allez à la section bonus **CHALLENGE FINAL** pour trouver un jeu gratuit à la fin de cette édition !

Simple et Rapide ! Découvrez notre collection de livres d'activités pour votre prochain moment de détente et **d'apprentissage**, à juste un clic de distance !

Trouvez votre prochain défi sur :

BestActivityBooks.com/MonProchainLivre

À vos marques, prêts... Partez !

Saviez-vous qu'il existe environ 7 000 langues différentes dans le monde ? Les mots sont précieux.

Nous aimons les langues et avons travaillé dur pour créer les livres de la plus haute qualité pour vous. Nos ingrédients ?

Une sélection des thématiques d'apprentissage adaptée, trois belles parts de divertissement, puis nous ajoutons une cuillère de mots difficiles et une pincée de mots rares. Nous les servons avec soin et un maximum de plaisir pour vous permettre de résoudre les meilleurs jeux de mots mêlés qui soient et d'apprendre en vous amusant !

Votre avis est essentiel. Vous pouvez participer activement au succès de ce livre en nous laissant un commentaire. Nous aimerions vraiment savoir ce que vous avez préféré dans cette édition !

Voici un lien rapide qui vous mènera à la page d'évaluation de vos commandes :

<u>BestBooksActivity.com/Avis50</u>

Merci pour votre aide et amusez-vous bien !

De la part de toute l'équipe

1 - Adjectifs #2

ا	ل	ج	د	ي	د	ق	خ	ف	ط	م	ط	ئ	ص	ل	ث
أ	ص	ل	ي	ج	و	ع	ص	آ	ع	ب	ا	ظ	ق	ح	ك
ب	ق	ص	ذ	ا	آ	ق	ث	ز	إ	ع	ي	ف	ص	و	ي
ز	ذ	ا	ل	ت	ر	و	خ	ف	د	ي	ق	ع	ة	د	ش
ب	ز	س	ى	ن	ى	ش	ش	ئ	ر	د	ن	م	ي	ة	ن
ض	ع	ف	ذ	إ	س	م	ل	ق	ا	ل	خ	ت	ا	ج	ت
ط	ب	إ	ح	و	ل	و	ؤ	س	م	ض	ى	ز	ك	ح	ؤ
د	س	س	ة	ظ	م	ع	ة	ن	ا	س	ع	ن	ر	ج	ل
ئ	ي	ز	ا	ن	و	آ	ى	ب	ت	ى	ا	ك	ذ	إ	د
غ	ب	ة	ل	خ	ه	ئ	م	ج	ي	ز	ي	ر	ش	ؤ	ت
ب	ذ	س	ج	ى	و	ث	ر	ر	ك	و	ز	و	ظ	ى	غ
ك	ف	ف	ج	ب	ب	ن	آ	ف	ي	إ	ف	ب	ر	ي	ي
ى	ط	ن	إ	ا	غ	آ	خ	ض	ى	ج	ا	ف	و	م	ع
م	ا	ل	ح	أ	ن	ي	ق	ث	ذ	ا	ا	ف	ه	آ	ح
و	ف	ئ	ع	خ	ى	ظ	غ	ص	ذ	ي	ف	ث	ش	م	س
ن	ئ	ح	د	ب	ب	غ	ئ	ت	غ	ل	ج	د	م	آ	س

أصلي
مشهور
خلاق
وصفي
موهوب
دراماتيكي
أنيق
فخور
قوي
مشوق

طبيعي
الجديد
إنتاجي
نقي
مسؤول
صحي
مالح
بري
جاف
نعسان

2 - Force et Gravité

غ	ل	ا	ج	ث	ط	س	م	ا	ص	ح	ث	د	ف	خ	ن
و	ى	ق	ل	خ	ت	ر	ت	ل	و	ز	ن	خ	ة	ص	ئ
ب	إ	ض	م	ك	ي	ع	ح	م	ع	ا	ل	م	ي	ا	ص
آ	ؤ	ؤ	خ	ل	و	ة	ر	ر	ي	ث	أ	ت	ا	ئ	ص
س	ص	إ	ل	ف	ر	ا	ك	ك	ة	ك	ف	ح	ل	ص	س
ي	ك	س	م	ص	ح	ج	ك	ز	ؤ	ك	ز	ى	ف	ز	ج
ع	د	ف	ث	ط	ر	س	ع	ب	م	ق	ت	و	ي	ع	و
ن	ذ	ع	ئ	غ	ك	ن	ك	س	ح	ب	ض	ز	ز	م	ر
ر	ح	ن	ذ	ج	ة	خ	ف	ك	و	ي	ي	ؤ	ي	ظ	ص
ن	ع	ك	ش	ظ	م	ض	ة	ض	ر	ت	د	ص	ا	ض	آ
ف	ا	ش	ت	ك	ا	ت	ط	س	ج	ر	ر	ص	ء	ل	ا
ظ	د	ط	ق	ا	ل	م	غ	ن	ا	ط	ي	س	ي	ة	ئ
غ	ى	ر	و	ن	د	ؤ	ض	ى	و	و	ف	غ	د	ن	ع
ى	ش	ر	ل	ئ	ك	ظ	ع	ظ	ذ	ب	ن	ذ	ؤ	ؤ	ث
ر	ع	ر	ا	ح	ت	ك	ا	ك	ط	ا	ص	ف	ي	م	س
ة	م	ي	ك	ا	ن	ي	ك	ا	ر	غ	د	م	غ	د	ش

حركة
فلك
الفيزياء
الكواكب
وزن
ضغط
خصائص
الوقت
عالمي
سرعة

محور
المركز
اكتشاف
بون
متحرك
توسع
احتكاك
تأثير
المغناطيسية
ميكانيكا

3 - Adjectifs #1

ر	ض	آ	إ	ش	ر	ت	ح	ض	ؤ	خ	ئ	آ	ن	ج	ض
إ	ت	ؤ	س	ا	ج	ئ	خ	ط	د	ر	ق	ئ	ذ	ز	ة
آ	ع	ش	إ	ب	ط	م	و	ح	ك	ص	ظ	ا	ض	ك	آ
س	م	ق	ل	ط	م	ي	ط	ت	ش	ن	ب	ض	س	ش	غ
ت	ه	س	ي	ت	ظ	ر	ث	م	ا	ت	ض	غ	ك	ق	ئ
ف	م	ف	م	ا	ح	ك	آ	ق	س	س	ز	ؤ	ث	م	ة
ض	ة	ن	ج	ح	ش	ء	ي	ر	ب	ل	ا	ق	د	ا	ص
ث	ق	ي	ل	ئ	ن	ض	ص	ك	ق	ل	ق	ب	غ	ا	ب
ا	ب	ة	ة	ذ	م	ن	ف	ص	ك	ص	ق	ت	ا	ل	ح
ك	ا	ي	ذ	و	ي	ذ	ؤ	ر	ص	ش	ذ	ق	ي	ق	ر
س	ط	ث	غ	ي	ض	ط	ت	ذ	ز	آ	ق	ج	م	ث	ط
ت	ت	آ	م	د	ى	د	ة	ز	ذ	ى	ظ	ض	ع	ب	إ
ة	م	ب	ع	م	ج	ح	ض	إ	ث	ي	د	ح	ن	ل	غ
ظ	ا	ب	ط	ض	ل	ك	ذ	ض	إ	آ	د	ش	ث	ك	ز
ص	م	غ	ر	ي	ب	ب	ع	ل	ك	ل	ط	ل	م	ا	ك
ن	ب	ط	ي	ء	ج	ذ	س	ؤ	ف	ك	ص	ن	ؤ	ش	د

مطلق
نشط
طموح
عطري
فني
جذاب
جميل
غريب
ضخم
كريم

صادق
متطابقة
مهم
البريء
شاب
بطيء
ثقيل
رقيق
حديث
كامل

4 - Instruments de Musique

ه	ب	ت	م	د	ف	ص	غ	ي	ر	ج	ق	ج	ج	ع	ؤ
ا	ا	ظ	ا	م	ئ	آ	ذ	ج	ؤ	ح	ي	ن	ن	ك	ز
ر	س	م	ر	ن	ي	ل	و	د	ن	م	ث	ر	ص	ك	ل
م	و	م	ي	ش	ا	ذ	ن	ر	ظ	ئ	ا	ك	م	ا	ن
و	ن	ش	م	ا	ت	ي	ا	ط	ق	م	ر	إ	ف	م	ق
ن	غ	ق	ب	د	ل	ج	ي	ف	ط	د	ة	ى	ز	ض	ر
ي	ئ	ط	ا	ئ	ز	ت	ب	م	ز	م	ا	ر	ا	ت	ع
ك	غ	ث	ا	م	ك	ط	ر	إ	ح	غ	ا	ث	ا	ة	ك
ا	ك	ذ	س	ط	ل	ت	ا	و	ج	ن	ا	ب	ل	ا	ا
ذ	س	ط	ل	ض	م	ذ	م	ظ	م	ة	ؤ	ن	ؤ	ا	ل
س	ا	ك	س	ف	و	ن	ز	ى	ئ	ب	ق	ث	ا	ج	ت
و	ع	د	ط	ش	م	ف	م	ب	و	ق	و	ر	ر	ج	ش
ق	ح	آ	ة	ة	إ	آ	ل	ح	خ	ج	ئ	ن	ح	ط	ي
ا	ف	ل	ن	ئ	ض	ش	ا	ن	ن	ة	ؤ	ت	إ	ب	ل
ن	ق	ق	ذ	و	غ	د	ض	ن	د	ض	ا	ع	و	ل	و
ي	ر	ظ	ط	و	ع	غ	ط	ج	ق	م	ص	ر	خ	خ	ز

ماريمبا
قرع
بيانو
ساكسفون
طبل
دف صغير
الترومبون
بوق
كمان
التشيلو

البانجو
باسون
مزمار
ناي
ناقوس
قيثارة
هارمونيكا
جنك
المزمار
مندولين

5 - Échecs

ى	ك	إ	ئ	غ	ت	و	ق	ظ	ص	ق	م	إ	ر	ذ	ش
ش	أ	ب	ي	ض	ب	ئ	ذ	ي	ط	ب	ص	س	غ	ظ	ل
م	ئ	ض	ح	ح	ج	ن	ث	ر	ن	د	خ	ت	م	د	د
ث	خ	ي	د	و	س	أ	ي	ي	غ	ح	ل	ر	ن	و	ا
ي	ة	ق	ع	ة	ز	ظ	ل	ا	ظ	ك	ا	ا	ا	آ	ج
ب	ق	م	ا	ح	ظ	ل	غ	د	ف	ظ	م	ت	ف	خ	ض
ظ	ب	ل	و	ض	م	س	آ	ذ	ا	ي	ص	ي	س	ك	ف
ع	ا	ك	ق	ج	ى	غ	ي	ث	د	ض	ج	ج	ة	ة	و
آ	س	ة	ه	ب	آ	ث	و	خ	ث	ؤ	ق	ي	ض	م	ا
ئ	م	و	ب	آ	ل	ث	ح	س	ي	ك	ب	ة	ح	د	ل
ص	ل	ر	ع	م	ل	ع	ت	ي	ل	د	ز	ك	ك	ذ	ن
ح	ذ	ظ	ل	ن	ز	ت	ا	ي	د	ح	ت	ل	ا	د	ق
إ	ز	ع	ط	ط	إ	ح	ة	ط	ص	ت	ق	و	ل	ا	ا
ك	ل	م	غ	ث	ي	ك	ذ	ض	ل	ف	ل	ط	ف	ي	ط
ق	ل	ط	ب	ف	غ	ع	ف	ظ	ا	د	ة	ب	ع	ا	ل
ب	ك	ي	ث	ي	إ	ى	ظ	ا	ط	م	ع	ع	آ	ح	د

الخصم
ليتعلم
أبيض
بطل
منافسة
التحديات
قطري
ذكي
لعبه
لاعب

أسود
مبني للمجهول
النقاط
ملكة
قواعد
ملك
تضحية
إستراتيجية
الوقت
مسابقة

6 - Herboristerie

ذ	آ	ص	م	ج	م	ن	ت	ن	ج	ع	ل	إ	ة	ح	آ
ن	ت	ش	ن	و	غ	ف	ك	ق	م	ش	ت	م	ش	س	ع
خ	ن	خ	ز	د	ث	ذ	ز	ا	ن	ك	ح	خ	ف	ت	ظ
ى	ت	ع	ة	ة	ه	ك	ن	ا	ح	ي	ر	ت	ة	ل	م
ص	ؤ	ع	ؤ	ر	ر	ج	ر	ط	ذ	ط	ك	خ	ر	ف	ذ
ر	ب	غ	إ	ه	ت	ك	غ	ح	د	ي	ق	ة	س	ى	ق
س	ز	إ	ع	ز	ب	ظ	ظ	م	آ	ه	ب	ر	غ	آ	ظ
ح	ة	ص	ع	ا	ذ	ى	ك	ي	ر	ط	ع	غ	ر	ي	ن
ا	ل	ط	ر	خ	و	ن	د	غ	ي	ل	غ	ئ	ف	ب	ق
ض	ا	ب	ص	ز	د	ل	ب	ج	ل	ا	ل	ي	ل	ك	إ
م	ل	ق	ك	خ	ع	خ	ز	ا	م	ى	ل	ي	و	إ	ق
ر	ش	د	ج	د	ي	ف	م	ر	غ	و	ذ	ع	ب	س	ط
د	م	و	ت	ق	م	ص	ر	ت	ع	ز	ى	ب	ن	ك	ر
ق	ر	ن	ن	ع	ن	ا	ع	ا	أ	خ	ض	ر	ع	ص	ص
و	ة	س	ي	ن	ف	ث	ا	ط	ن	ع	ش	ظ	ت	ظ	ر
ش	ر	ظ	ت	ش	ت	آ	ى	ك	ر	غ	ط	غ	ع	ة	ظ

ثوم
عطري
ريحان
مفيد
الطهي
الطرخون
الشمرة
زهرة
العنصر
حديقة
خزامى
مردقوش
نعناع
بقدونس
جودة
إكليل الجبل
زعفران
نكهة
زعتر
أخضر

7 - Véhicules

خ	و	ر	ا	ص	ح	ر	غ	ث	س	م	ظ	و	د	غ	خ
ك	ر	ح	د	ظ	ز	ظ	ص	ى	ي	ش	ي	ح	ر	و	غ
ذ	ت	ج	ر	ا	ر	د	ث	م	ا	ة	ة	ظ	ا	ا	ق
ظ	م	ح	غ	ر	ب	ع	ذ	ح	ر	ت	ئ	ع	ج	ص	ق
ع	ع	ح	ة	ن	ح	ا	ش	آ	ة	ط	و	ف	ة	ة	ن
س	غ	ي	ر	ت	و	ك	س	ل	إ	ح	ي	ح	ر	ر	ة
ح	ح	س	ا	ك	ض	ك	د	م	س	ة	ى	ز	ئ	ا	ف
ي	غ	ا	ب	ت	ا	ك	س	ي	ع	ف	ج	ت	ا	ي	ط
ه	ث	ف	ع	ر	ة	آ	ت	ي	ا	ك	ث	ج	ط	س	إ
ق	ل	ة	ل	ف	ا	ق	ع	ا	ف	غ	ى	ش	ش	م	ح
ش	ظ	ي	ا	ؤ	غ	ق	ا	ل	إ	ط	ا	ر	ا	ت	ا
ك	آ	ق	ك	و	ك	م	ل	ا	ل	ف	ذ	ل	ق	ر	ف
س	ي	ز	ر	و	ش	ى	ر	م	ل	ح	ج	ئ	ف	ي	ل
ق	خ	ة	ي	ة	ب	ش	ا	غ	م	ف	خ	ذ	غ	ع	ة
ؤ	إ	ئ	س	ل	ع	ت	إ	ر	ث	ف	آ	ش	و	ن	ج
ع	ا	إ	ز	ئ	ى	ت	ر	و	ع	ج	ر	ل	ث	آ	آ

سيارة إسعاف
طائرة
قارب
حافلة
شاحنة
قافلة
العبارة
صاروخ
هليكوبتر
مترو

محرك
المكوك
الإطارات
طوف
سكوتر
غواصة
تاكسي
جرار
دراجة
سيارة

8 - Camping

ا	ل	ص	ي	د	ئ	ف	ب	ح	ذ	س	ث	ئ	د	ف	ع
خ	ر	ي	ط	ة	ت	ا	د	ع	م	ح	ش	ر	ة	ث	ا
ؤ	ص	س	ا	س	ى	ن	س	ة	د	غ	ؤ	ع	ض	ى	ت
ر	ي	ز	ئ	ت	ق	و	ت	ا	ن	ا	و	ي	ح	ل	ا
ت	ل	د	ت	ج	م	س	ن	ج	ك	ب	ب	ح	ي	ر	ة
ط	ع	ذ	خ	ث	ي	غ	ب	ى	ى	ة	ل	ص	و	ب	ع
ف	ز	ي	ر	ن	إ	ا		ق	ن	س	ذ	ر	ص	ع	ب
م	ع	ص	ص	آ	س	ى	ر	م	م	ا	ل	ز	و	ر	ق
ا	ل	م	ق	ص	و	ر	ة	ح	ر	ر	ب	س	ز	آ	ك
ج	ب	ل	أ	إ	ش	ر	ن	ؤ	ك	ة	ح	ر	م	آ	د
خ	ي	م	ة	ر	إ	ش	ط	ر	ك	ع	ت	ي	م	ل	ط
ع	ن	ا	ر	ح	ج	م	ئ	ق	ز	ي	ا	ن	ة	إ	ذ
إ	ص	س	ن	ظ	ة	و	د	آ	ث	ب	ا	ح	ز	ا	س
ر	ث	ت	ص	ز	خ	ز	ح	آ	ض	ط	آ	ع	ؤ	و	ة
ع	ص	ر	ب	ن	ج	ى	ة	ة	ب	ح	و	س	ج	ف	د
ش	م	ا	ت	ز	ن	ق	آ	ع	ر	ذ	ك	ى	ب	ك	ص

الحيوانات	نار
مغامرة	غابة
بوصلة	أرجوحة
المقصورة	حشرة
الزورق	بحيرة
خريطة	فانوس
قبعة	قمر
الصيد	جبل
حبل	طبيعة
معدات	خيمة

9 - Écologie

ف	ش	ع	ع	ج	و	ي	ع	ي	ب	ط	ى	و	ع	ف	ا
ذ	ز	ئ	إ	ف	ع	ش	و	م	ا	ل	م	و	ئ	ل	ؤ
ة	إ	ج	ع	ا	ا	ل	ن	ب	ا	ت	ي	ة	م	ا	ج
س	ز	ن	ؤ	ف	و	خ	ن	ب	ا	ت	ا	ت	ص	ب	ن
ث	و	غ	ت	ب	ن	ف	آ	ر	م	ي	ط	ا	م	ج	ث
د	ة	د	ج	ن	أ	ز	ض	ل	ن	و	ن	ن	ئ	ل	ح
ا	ط	ز	د	ب	ل	ط	ب	ي	ع	ة	ر	ا	د	ا	ى
ل	ش	م	ا	ت	ا	ف	ة	و	خ	ا	ه	و	ا	ر	د
م	ظ	ع	ظ	ظ	ش	ة	ن	غ	د	ج	آ	ي	و	ن	ب
و	س	ن	ئ	ي	ذ	م	ش	ك	ذ	ن	آ	ح	ث	ص	ن
ا	ف	ي	ل	ق	آ	س	ف	ك	م	ش	س	ل	و	س	ن
ر	م	ج	ت	م	ع	ا	ت	س	ب	ط	ق	ا	ى	ؤ	ز
د	م	ة	و	م	ع	ن	ت	ة	ي	ر	ح	ب	ل	ا	ث
ص	د	و	ز	ر	و	د	ف	ن	ن	ئ	ض	خ	ا	ن	م
ز	ف	د	ذ	ع	ا	ك	ن	ا	ر	ز	ح	ض	ع	ى	خ
غ	س	ف	ؤ	م	ي	ز	ن	ض	ذ	إ	ي	ت	ط	ح	م

البحرية
الجبال
طبيعة
طبيعي
نباتات
الموارد
جفاف
نجاة
نوع
نبت

المتطوعون
مناخ
مجتمعات
تنوع
مستدام
الأنواع
الحيوانات
النباتية
الموئل
اهوار

10 - Géométrie

ا	م	ي	و	ل	غ	ؤ	ص	ؤ	س	ط	ح	ف	ي	ر	ئ
ر	ن	م	ط	ق	ؤ	د	ح	ح	ي	ذ	ة	ي	و	ا	ز
ت	ط	ث	ث	ك	م	ع	ض	س	ر	ت	خ	د	ف	د	ط
ف	ق	ل	م	و	ب	ب	و	ا	ئ	ط	ك	و	ش	غ	ذ
ا	د	ث	ا	ظ	س	ل	ذ	ب	خ	ح	ب	م	ى	ض	س
ع	ض	ز	ح	ر	ا	ا	ث	ش	س	ل	م	ع	ن	ر	ئ
غ	ن	م	ع	ا	د	ل	ة	ل	ت	ك	ت	س	ر	ض	ى
ذ	س	ة	ر	ئ	ا	د	ع	ش	د	ن	ة	ي	ر	ظ	ن
ئ	ب	س	ص	إ	ث	ك	ط	ب	ا	ظ	ي	خ	ط	ئ	ح
ك	ة	ح	ك	ؤ	ت	ت	ق	ظ	إ	م	و	س	ق	ل	ن
ئ	ذ	ن	ت	ظ	إ	د	ر	س	و	ح	ز	ر	ز	د	م
ك	ر	ص	ة	ي	ث	ا	ط	ع	ا	ر	ق	س	ذ	ث	ز
س	خ	ض	ع	آ	ص	ي	خ	ح	ك	آ	غ	م	ق	س	غ
ق	ل	خ	إ	د	ى	ت	ف	ح	ف	و	س	ظ	م	ق	ر
إ	ي	ل	ص	ل	ل	ا	ك	ب	و	ي	ر	ط	ش	ن	خ
ذ	ذ	ذ	ق	ح	ر	ي	ا	ؤ	ت	ل	ل	ظ	م	ى	ط

الوسيط
رقم
مواز
نسبة
قطعة
سطح
تناظر
نظرية
مثلث
عمودي

زاوية
حساب
دائرة
منحنى
قطر
البعد
معادلة
ارتفاع
منطق
كتلة

11 - Les Médias

ا	ل	ا	ت	ص	ا	ل	ا	ت	ا	ش	ط	ش	ع	آ	ا
ص	م	ف	ر	د	ز	ي	أ	ر	ل	ا	ث	ب	ل	ب	ل
ا	ن	ح	ئ	ج	ث	و	و	ش	إ	ن	ت	ك	ى	ا	ص
ن	ل	ا	ل	ض	ت	م	ف	ح	ص	ل	ا	ة	ا	ح	و
ظ	و	م	ع	ي	ر	ت	و	ي	د	ا	ر	ا	ل	ق	ر
ج	ش	ا	و	ة	ث	ل	ل	ر	ا	غ	خ	ل	ش	ا	ن
د	م	ع	ى	ا	ح	ا	إ	ا	ر	ظ	ن	ا	ب	ئ	ى
د	ك	ر	خ	ع	ق	خ	ر	ج	ص	ط	ز	ت	ك	ق	ن
غ	ض	ن	و	ي	ز	ف	ل	ت	ث	ت	ظ	ص	ة	ة	ج
ق	ل	ش	ت	إ	ق	و	ع	ف	د	ث	ف	ا	ي	ت	ط
ت	ط	ك	ل	ذ	ج	ط	م	ح	ة	ج	ا	ل	ر	و	س
خ	ة	ط	ط	ت	ئ	ي	س	غ	إ	ح	ة	ى	ك	س	ى
ض	ظ	ة	ث	ع	ط	إ	ك	ذ	ف	ؤ	ط	ظ	ف	ة	خ
آ	ص	ق	ث	ل	ئ	خ	ق	غ	ر	ج	ع	إ	ل	ب	ص
خ	ي	ج	ؤ	ي	م	ق	ر	م	ط	ح	د	ن	ا	ظ	ى
ئ	آ	ر	ل	م	ف	ى	ض	ب	ل	ئ	د	إ	ذ	م	ل

المواقف
تجاري
الاتصالات
على الشبكة
الإصدار
تعليم
حقائق
التمويل
فرد
صناعة

الفكرية
الصحف
محلي
رقمي
رأي
الصور
عام
راديو
شبكة الاتصال
تلفزيون

12 - Diplomatie

ل د س ل ا آ س د ى ح ش ر ي ف س آ
ى ص و ذ ر ل ي ي ت ض و ل ب ط ك ز
م ر ز ل ر ث ة ش د خ و ر ن ف ج ب
ج ر ا ش ت س م ظ ئ ص ن ؤ ج ح ف ئ
ر ا س ا ش ل و ع غ و ق ي أ ن م س
ذ ر خ ق ث ت ك ق ا ل خ أ ة ش ن ح
ن ق ن ن ص آ ح ئ ب ل إ ف ر ز م د
ح ل ج م ى د ة د ه ا ع م ا و أ آ
ي ا ن ؤ ت ب ق ا آ ة ع ع ف ت ؤ ن
خ ا ذ ة ز ل غ ث آ د م ز س ق ض ض
ل ل غ ز ا و و ة ا غ ة آ ل م ف و
ت ن ا غ م م م ل ى م ن و ا ع ت س
ذ ز ن ط ظ ا ة ر ل إ ن س ا ن ي ط
ط ا ج ح س س ل ة م ط ى ل ث ا ن ذ
ة ه ئ ز ن ي م ط ي ب ت ح س ي د ذ
ض ة ن و ن ط ا و م ل ا ة غ د خ ى

أجنبي
حكومة
إنساني
النزاهة
عدالة
سياسة
القرار
أمن
حل
معاهدة

السفارة
سفير
المواطنون
ملة
نزاع
مستشار
تعاون
دبلوماسي
نقاش
أخلاق

13 - Astronomie

إ	ش	ع	ا	ع	ظ	غ	ث	ن	ت	ت	م	غ	ك	ر	م
ض	ث	ف	و	و	ي	ط	ك	د	ث	ط	ق	ج	ح	ي	ط
ي	ض	ذ	د	ؤ	م	ص	س	ث	ط	و	ب	م	د	ج	د
ع	ؤ	م	إ	ث	ق	ش	م	س	ي	ك	ل	ف	ذ	ج	ض
ل	ز	ق	ك	و	ن	ث	ئ	ؤ	ز	ز	ء	ا	م	س	ت
غ	آ	ر	ة	ن	ش	ؤ	ئ	إ	ق	ي	و	ل	ر	ر	ذ
ث	ع	ا	ب	ك	و	ك	ع	ا	ك	ن	ل	ا	ى	ا	ت
أ	ة	ب	ك	ث	ظ	ق	ع	ل	ح	ج	ق	ع	خ	ئ	إ
ت	ر	ع	و	س	خ	ر	ا	ك	س	ج	ج	ت	ع	د	آ
ى	م	ض	ك	ة	و	ي	ل	و	و	ص	إ	د	ج	ف	و
ر	ق	ز	ص	ة	ر	ف	م	ي	ب	آ	ت	ا	ل	ض	ذ
آ	ث	ب	خ	ص	ا	ز	ز	ك	ر	ب	ف	ل	ة	ا	ة
ث	ذ	ض	م	ز	ص	غ	ا	ب	ن	س	د	ي	م	ء	ف
ة	ب	ظ	ط	ر	ع	م	إ	خ	و	س	ت	إ	ط	د	ن
ة	ح	ب	ع	ط	ص	ك	ط	ج	ف	ج	ش	إ	ؤ	ف	ض
ض	ك	ن	ئ	ع	و	د	ك	ج	ا	ظ	ث	ف	ر	ز	ز

الكويكب
رائد فضاء
فلكي
سماء
كوكبة
عالم
كسوف
الاعتدال
صاروخ
قمر

نيزك
سديم
مرصد
كوكب
إشعاع
شمسي
سوبرنوفا
أرض
مقراب
كون

14 - Physique

ظ	ك	ض	ذ	س	ط	آ	ف	ى	ى	ى	ل	و	ئ	ت	ب
ؤ	د	إ	ن	غ	ب	ك	ت	ل	ة	ي	ب	س	ن	ل	ا
ك	ج	ة	و	ث	ص	ك	ش	ط	خ	د	ج	إ	ت	ز	ث
ى	ا	ظ	ل	ن	ق	ر	س	ج	ت	ى	ج	س	ذ	ف	م
س	ذ	ف	ذ	ح	خ	ك	س	ة	س	خ	ت	و	س	ع	ب
ف	ب	ى	ض	و	ف	ي	ر	ت	ر	د	د	غ	ا	ز	س
ر	ي	ظ	ي	ذ	م	آ	ا	ب	ي	إ	م	د	ي	ؤ	س
ص	ة	ل	س	ر	م	س	إ	ف	ع	ي	ل	ي	و	و	ن
آ	س	ر	ع	ة	ب	م	ح	ر	ك	ة	س	ث	ب	ت	ث
د	ل	خ	ي	م	ق	ذ	ن	ا	ح	ف	ظ	د	ز	ى	ص
غ	إ	ل	ك	ت	ر	و	ن	ض	ي	ا	ا	غ	ح	إ	ث
ب	س	م	م	ن	د	ي	ذ	ح	غ	ث	ث	ص	ض	آ	ن
ي	ن	ى	ن	ل	ك	ن	ف	ك	ك	ك	ح	ك	ف	س	ث
ر	ق	ت	ز	ا	ة	ي	س	ي	ط	ا	ن	غ	م	ل	ا
ي	ذ	ة	ق	ح	ب	ك	ر	م	س	ص	ة	ف	آ	ئ	ط
خ	ح	ي	م	ل	ا	ع	ث	ك	ق	ض	ا	م	آ	ا	إ

المغناطيسية
كتلة
ميكانيكا
مركب
محرك
نووي
جسيم
النسبية
عالمي
سرعة

تسريع
ذرة
فوضى
كثافة
توسع
إلكترون
معادلة
تردد
غاز
جاذبية

15 - Types de Cheveux

ر	ع	ش	ل	ا	د	ي	ع	ج	ت	خ	ز	ئ	ض	ش	خ
ق	ب	م	ت	ز	ك	د	م	ص	ا	ث	م	ق	خ	ى	ص
ش	ى	ح	و	م	ر	ا	ا	إ	ر	ك	ص	ي	ح	ص	ل
أ	ز	ج	ص	ظ	ح	م	ل	ش	ة	ي	ط	ل	ي	و	ط
آ	ذ	آ	د	م	ر	ر	ص	ذ	ر	م	ع	ؤ	م	ض	ئ
م	ث	ؤ	ئ	ج	ش	ر	ظ	ة	ف	س	آ	ب	ا	ن	ذ
ر	ذ	خ	ر	ع	ر	ح	ث	ض	ض	إ	ن	ث	ش	ز	ر
ك	م	ش	ق	د	أ	ج	ا	ف	م	ظ	ا	د	و	س	أ
ر	ل	د	ك	ط	ص	م	ق	أ	ض	ز	ع	إ	ع	ب	آ
ئ	و	ف	ص	ن	ل	ش	ب	آ	م	ك	م	غ	ن	ا	ى
ك	ن	غ	غ	م	ع	ي	ب	ب	ت	ق	ب	ي	ة	ص	ب
ر	د	د	ف	إ	ض	ش	آ	ح	م	ع	ض	ي	ا	ث	ث
ث	د	غ	ف	ط	ح	ؤ	ذ	ى	و	ظ	ح	ث	و	غ	ل
س	ا	ل	ب	م	ت	ث	ذ	ض	ج	ق	ي	ق	ر	ظ	ة
ا	ك	ؤ	ح	ر	آ	ظ	ا	م	خ	ى	ل	ث	م	د	و
ل	ا	ا	م	ة	ج	ص	ن	ص	ت	ظ	ض	ع	ط	ج	ش

مجعد
رمادي
طويل
بني
رقيق
أسود
متموج
صحي
جاف
مضفر

فضة
أبيض
أشقر
تجعيد الشعر
لامع
أصلع
ملون
قصيرة
ناعم
سميك

16 - Archéologie

ح	ي	ق	ك	خ	أ	ن	ذ	خ	ى	ك	ت	م	ت	ظ	د
ع	ف	ل	ث	ف	ح	س	ؤ	خ	ج	ى	ا	ي	ا	ق	ب
و	غ	ر	ث	ج	ظ	ي	ت	ى	ث	ف	ل	ي	ن	ي	ع
ق	ب	ر	ي	ت	ث	و	ز	ا	ا	آ	ح	ق	ئ	ر	م
ز	ك	ا	ؤ	ة	ن	ك	ب	ن	ذ	ع	ض	ت	ا	ف	ذ
م	ن	س	ي	ظ	ح	ع	ؤ	ا	ط	ص	ا	ف	ك	م	ن
غ	ي	ر	م	ع	ر	و	ف	ل	ح	ر	ر	خ	ل	ئ	ى
ت	م	ن	س	ب	ث	خ	ب	ي	ر	ث	ة	ا	ا	ز	ؤ
س	ل	ي	ل	ؤ	ل	ج	ق	ل	ل	م	ف	ر	م	ض	ن
ؤ	ج	ح	ج	د	ة	ظ	إ	ح	ح	ح	ق	ض	ب	ز	ق
ث	س	ش	ا	ص	غ	ج	ث	ت	ن	ي	ي	ل	ر	ب	ع
ط	ز	ع	م	ي	ي	ن	و	ا	ص	ذ	ر	ة	و	د	ظ
إ	ق	آ	ئ	ص	ن	د	ئ	و	ز	خ	ص	ح	ط	ض	ا
ح	س	ز	ل	ك	ح	ز	ا	ن	ث	ة	ر	ش	ر	ي	م
ش	ز	غ	ث	ش	م	إ	ب	س	م	د	ض	ح	ط	ر	ى
ق	ل	غ	ز	ؤ	ض	ا	ت	ف	إ	ك	ا	ا	ف	م	ث

غير معروف
لغز
الكائنات
عظام
منسي
فخار
أستاذ
بقايا
معبد
قبر

تحليل
سنوات
باحث
الحضارة
سليل
خبير
عصر
فريق
تقييم
حفرية

17 - Mammifères

ن	ر	ن	ي	ق	ة	ف	ا	ر	ز	ن	ك	خ	ش	ر	ئ
ص	ي	خ	ط	ن	ن	و	ن	ي	م	ر	غ	ن	ك	آ	م
ة	ع	ح	ج	ش	ز	ر	ق	ر	د	و	م	ا	ط	ب	ح
و	ة	و	ي	ذ	آ	خ	ا	و	و	ث	ش	ص	و	ي	ا
ذ	ز	ت	خ	و	ا	ل	ف	ي	ل	ع	ك	ح	ج	ك	ز
آ	ب	آ	ص	ن	ط	س	ح	م	ف	إ	إ	ص	ت	ص	خ
ذ	ئ	ب	ا	ل	ب	ر	ا	ر	ي	ش	ط	ف	ي	ح	ي
ة	د	ؤ	ص	ظ	ة	غ	ب	ض	ن	ث	ي	ع	ك	ؤ	ز
د	ي	ل	ئ	إ	ف	ي	ة	ط	ز	ة	ض	ج	ط	م	ش
ا	ل	ي	ر	و	غ	أ	ئ	ظ	ب	ذ	ة	ظ	ج	ت	ض
ط	ت	خ	ل	ت	س	ت	ى	ط	س	ئ	ث	أ	ئ	ح	ط
د	ز	ت	ظ	د	ك	ظ	ح	إ	ج	ب	ى	ر	ق	ز	ب
ب	ص	ظ	ك	ة	و	ر	ل	ص	ن	ع	ا	ن	ل	ش	ت
ح	ش	خ	ق	ك	ف	ل	م	ح	ت	ي	ؤ	ب	خ	م	ك
ع	غ	إ	إ	ل	ف	ظ	ف	ي	ش	ح	و	ر	ا	م	ح
آ	ج	ث	ئ	ب	ل	ب	ش	غ	ش	ح	ح	د	ي	ي	ث

أرنب
أسد
ذئب
خروف
يتحمل
فوكس
قرد
ثور
نمر
حمار وحشي

حوت
قط
حصان
كلب
ذئب البراري
دولفين
الفيل
زرافة
غوريلا
كنغر

18 - Mathématiques

م	ع	ا	د	ل	ة	ع	غ	ح	ن	ش	ر	ز	ب	أ	و
ك	إ	ي	ر	خ	د	م	ن	ف	ف	ب	خ	آ	ز	س	ش
ه	م	ا	ج	ت	ا	س	س	ة	خ	ج	ص	ر	ت	خ	ط
ن	إ	و	ا	ن	خ	ت	ا	ة	م	ح	ث	ر	ك	ى	ث
د	ث	ز	ت	ا	إ	ط	ز	ا	ض	ث	ا	إ	ي	ج	م
س	ف	ة	ى	ظ	ط	ي	ص	م	ض	ل	ع	ك	ض	ص	ص
ة	د	إ	ا	ر	ي	ل	ت	ش	أ	ث	م	آ	ا	ش	ي
ص	ت	و	ص	ل	ا	إ	ي	ر	ر	م	و	ث	ع	ز	غ
ح	ج	آ	ى	ط	ر	ذ	ق	ز	ع	ح	د	ط	ث	س	ي
م	ذ	ت	ؤ	ئ	ش	ا	م	و	ف	ث	ي	ط	ض	ل	ة
ا	د	ط	ذ	و	م	س	ج	ز	ء	ل	س	ق	ب	ظ	ب
ف	ى	ز	ة	ل	ئ	ى	م	ا	ا	ئ	ط	ف	ج	س	ج
ذ	ظ	و	ح	ب	آ	ش	و	ذ	ع	ر	ي	ت	ؤ	و	ح
ض	س	ب	ز	ا	و	م	ع	ب	ا	س	ح	ا	ص	غ	ة
ش	خ	ي	ر	ش	ع	ئ	ر	و	ل	ح	م	ع	ح	ق	ؤ
ش	خ	ط	ط	ص	ح	م	ة	ض	ث	آ	م	ة	ة	آ	إ

هندسة
الأرقام
مواز
عمودي
مضلع
مستطيل
مجموع
تناظر
مثلث
الصوت

زوايا
حساب
مربع
محيط
درجات
عشري
قطر
أس
معادلة
جزء

19 - Mythologie

ة	ش	م	ى	م	م	ف	ب	غ	ك	ز	ل	ب	د	ق	ق
و	ا	ص	م	غ	س	خ	ر	ط	ل	و	ط	ث	ا	و	ة
ى	ث	و	س	ي	ي	خ	ل	ط	ب	ا	ا	ؤ	س	ة	م
ؤ	س	ل	و	ك	ت	س	س	و	ل	ة	آ	ظ	ع	ط	ف
ر	غ	ش	آ	ح	ر	ر	ح	ش	ق	ر	ب	ر	ع	د	ف
ي	ص	ؤ	ت	ذ	أ	آ	ر	ح	ل	ي	ر	ل	ذ	ن	ن
ش	م	س	غ	إ	س	ق	ي	ز	خ	غ	ا	آ	ح	ق	ي
ذ	ك	ؤ	د	ق	ط	ب	ن	د	ز	ل	ح	ت	ت	ؤ	ض
ر	ج	ط	ش	ع	و	ى	و	ت	ك	ا	م	ط	م	ت	ي
ر	ش	آ	ت	ق	ر	غ	ظ	ك	ن	و	ز	ل	ف	ع	ذ
ف	ل	ئ	ظ	إ	ة	ص	و	ا	ف	ي	م	ف	م	ق	ر
ذ	ش	ز	ص	ع	ح	ي	م	ر	ث	ق	ا	ف	ة	ب	ى
س	ت	ج	ص	ظ	ض	ج	ص	ث	ذ	ئ	ق	ى	ي	ط	ح
خ	ل	و	د	ث	ذ	ي	ل	ة	ه	ا	ت	م	غ	ل	ع
ا	ل	م	ع	ت	ق	د	ا	ت	ا	ث	ن	و	إ	ة	ن
ل	ت	آ	ق	ث	ئ	آ	ح	ع	ف	ؤ	ا	ة	خ	د	ع

بطل
خلود
الغيرة
متاهة
أسطورة
سحري
مسخ
مميت
رعد
انتقام

كارثة
سلوك
خلق
مخلوق
المعتقدات
ثقافة
برق
قوة
محارب
بطلة

20 - Restaurant #2

ل	غ	إ	ض	د	ط	إ	م	ق	س	س	ي	ت	ف	ق	غ
ش	ض	ش	ص	ض	ع	س	ل	ز	غ	ح	ى	و	و	غ	ى
ع	و	ق	ن	ض	ي	ب	ع	غ	خ	ث	ئ	ا	ث	ظ	ق
ة	ث	ك	ر	ى	س	ق	ق	ذ	س	ئ	ص	ب	غ	ف	ش
ا	ح	ث	ة	ا	ر	م	ة	ي	ي	م	ت	ل	غ	ش	ظ
ل	ة	ح	ط	ل	ك	آ	ك	ي	ؤ	ت	ا	ح	د	ك	ى
م	س	ؤ	ل	ن	ن	ص	غ	ث	ى	ة	و	ء	ا	ي	م
ع	ؤ	ن	س	ا	خ	س	ض	إ	ث	ز	ر	م	ء	ك	ل
ك	ى	غ	ك	د	ا	خ	س	ى	ذ	ث	ض	ح	م	ك	ح
ر	د	ص	ش	ل	ز	و	ق	ز	ج	ج	خ	س	ى	ى	ص
و	ش	ج	ش	خ	ش	ع	ش	غ	ك	ج	آ	ا	ؤ	ص	ث
ن	ظ	ل	ل	ش	و	ض	ة	ص	خ	ر	ى	ء	ظ	ث	م
ة	ه	ك	ا	ف	ص	ل	ذ	ي	ذ	و	ط	ك	ز	ج	ش
ن	ز	د	ح	ط	ل	إ	م	ذ	ع	ش	ا	ء	ع	ل	ر
ن	ئ	د	م	ؤ	ث	س	إ	ر	غ	ل	ط	ث	ب	ي	و
ع	و	ي	ت	ج	ة	ن	ق	خ	ج	ؤ	ي	ح	ك	د	ب

مشروب
كرسي
ملعقة
غداء
لذيذ
عشاء
ماء
توابل
شوكة
فاكهة

كيك
جليد
خضروات
المعكرونة
بيض
سمك
سلطة
ملح
النادل
حساء

21 - Beauté

خ	ش	ط	ل	ث	م	ج	م	غ	ص	إ	د	ط	ع	ش	ش
ح	ت	ز	ح	ز	ن	ض	غ	ك	ى	ا	ز	ق	ة	ص	ف
د	غ	ا	ذ	ة	ت	ط	ص	ؤ	ب	س	ت	ا	م	د	خ
ظ	خ	ج	غ	آ	ج	ق	ي	ن	أ	ن	د	م	ح	ط	ف
م	ل	س	ح	ر	ا	ض	ك	ا	ك	م	ي	د	ئ	ة	ز
د	ن	ا	ع	م	ت	ع	ط	و	ر	ز	ن	و	ل	ل	ا
أ	ن	ا	ق	ة	م	ي	ض	ب	ق	ي	ع	خ	ب	ر	ي
ت	ط	ص	ت	م	ئ	ي	ر	م	ي	و	إ	غ	ا	ع	س
ق	ا	ل	ح	ع	ط	خ	غ	ا	ق	ت	ش	ك	ئ	ش	ج
د	ي	ز	ش	ن	ظ	ع	ق	ش	ن	ة	س	س	ن	ل	ص
ز	ح	ذ	آ	ج	ف	أ	ح	م	ر	ا	ل	ش	ف	ا	ه
ي	س	ل	ؤ	ط	ا	ح	ى	ق	م	ض	ى	س	ي	د	ؤ
ض	ف	ى	ت	ظ	ذ	إ	ؤ	ي	ز	ا	خ	ت	ط	ي	ا
د	ح	غ	ة	ا	ت	د	ب	ى	ض	ذ	ق	آ	ي	ع	ق
ط	ج	ذ	ب	خ	ر	ن	ذ	ئ	م	ا	ك	ي	ا	ج	ا
ح	ج	ظ	ض	ظ	غ	س	ج	ق	ئ	ط	ج	ز	ى	ت	ا

ماسكارا
مرآة
عطور
جلد
رقيق
منتجات
أحمر الشفاه
خدمات
شامبو
حلاق

تجعيد الشعر
سحر
مقص
اللون
أناقة
أنيق
نعمة
زيوت
ناعم
ماكياج

22 - Avions

غ	ا	ت	ج	ا	ه	س	ح	إ	ل	ض	إ	د	و	ق	و
ش	ة	ع	ت	و	ز	ط	غ	ص	ب	ؤ	ح	و	ا	ر	م
ض	غ	ي	ا	ء	ي	س	ن	ي	ج	و	ر	د	ي	ه	خ
ي	ة	ء	ك	ا	ر	م	و	ة	ي	ج	ذ	ؤ	ط	ط	ض
ح	م	ا	ر	م	ص	ا	ض	ط	ر	ا	ب	غ	ى	ؤ	ت
ئ	ا	ل	ح	س	ح	ض	ص	ز	ب	ر	ف	ء	ا	ن	ب
ش	ؤ	غ	م	د	ئ	ذ	ئ	ت	ت	ت	ه	ح	ر	ل	ة
ت	ص	ل	ق	د	ث	ي	ب	ش	ض	ف	ب	خ	ي	ك	ر
غ	د	ا	ا	م	و	ة	ط	إ	خ	ا	و	ث	ي	ظ	م
ض	ك	ف	ط	ا	ق	ض	ز	ا	ف	ع	ط	م	ض	ى	ا
س	خ	ا	ف	ب	س	و	ض	ي	ج	ط	خ	غ	ر	ل	غ
ة	ف	ل	م	ض	ب	ع	ؤ	ط	غ	ث	ى	ل	ت	خ	م
ق	ر	ج	ؤ	ن	ت	ؤ	ن	ة	ر	ا	ى	ا	آ	ك	ئ
ز	ئ	و	ط	ئ	غ	غ	ا	آ	ب	ؤ	ر	ب	ك	ا	ر
ك	غ	ي	ح	د	ط	ث	إ	ث	ؤ	ي	ل	ج	آ	ئ	ش
ى	ي	ر	س	ك	إ	ل	ص	ا	خ	ك	ن	و	ل	ا	ب

هواء
الغلاف الجوي
هبوط
مغامرة
بالون
وقود
سماء
بناء
اصل
اتجاه

طاقم
تضخم
ارتفاع
مراوح
التاريخ
هيدروجين
محرك
راكب
طيار
اضطراب

23 - Aventure

ث	ش	ف	ص	ش	ك	و	ئ	ظ	ض	ن	م	أ	ا	ك	خ
ة	م	ظ	ك	ج	ى	ؤ	ج	ف	خ	ش	ق	ق	ن	ب	ؤ
س	ؤ	غ	ظ	ا	ف	ر	ي	ه	م	ا	ن	آ	ح	ئ	ي
م	ق	ج	ح	ع	ر	ي	ط	خ	ة	ط	س	ظ	ر	ا	ظ
و	ف	ذ	م	ة	ص	ض	ذ	غ	ف	ع	ج	ث	ا	ك	ا
ت	ا	د	ز	ا	ة	ح	ث	ج	ش	ك	س	ذ	ف	ة	ل
ك	و	ض	ع	ق	ل	ت	ط	ب	ي	ع	ة	ق	ن	د	ت
ي	د	إ	م	ي	ح	غ	ي	ر	ع	ا	د	ي	م	ص	ح
ف	ئ	ت	ر	ث	ر	ن	ؤ	ك	ح	ط	ي	ر	ف	ع	د
ج	ظ	ة	ح	ا	ل	م	ل	ا	م	ظ	ف	آ	ا	و	ي
ا	ر	غ	ل	آ	ا	ق	ف	ز	ا	ت	ة	ظ	ج	ب	ا
م	ل	ف	ض	ع	ر	م	ر	ف	س	ل	ا	ة	أ	ة	ت
ش	ي	ج	ض	خ	ا	س	ج	ظ	ن	ئ	آ	و	ة	ص	ت
آ	ى	غ	د	ت	س	د	ة	ؤ	ض	س	ك	إ	ش	ب	س
آ	ؤ	ك	و	ي	م	ع	آ	ذ	و	غ	ن	ط	ص	غ	ؤ
ف	م	ص	ة	ث	د	ن	غ	إ	ع	ت	ق	إ	ص	ذ	ع

نشاط
جمال
شجاعة
فرصة
خطير
وجهة
التحديات
صعوبة
حماس
انحراف

غير عادي
مسار الرحلة
مرح
طبيعة
الملاحة
الجديد
تحضير
أمن
مفاجأة
السفر

24 - Ville

ب ع ل م ق م ب ش آ ى ذ م ص ل ن ل
ط ق و س ث ط ظ ة ت ى ش ا ج ش ئ ل
آ ن آ آ س ع ب ا ن إ ة ب ئ ا ي م
ر ؤ ط ق م م ك ث ل ن م ر ذ ة ك ط
ب ة آ ا ج ن ا و ي ح ة ق ي د ح ا
ث ض ث ا ك ك ن ش ح خ د ح ط ظ د ر
ك ر م ر ن ؤ ث و م ر ح س ت غ ا ؤ
د ع ح ز ب خ م ظ ة ى س و ط ك ي س
ة م ل ص ج ن ذ ى ي ي ش ب خ خ ث ت
ي ك ة س ر د م ظ ن ن غ ق ق د ن ف
ل ت و آ ر ب ئ م ر و ه ز ق س ن م
د ب ص آ م ع ا ر إ ل ث ى آ ث ئ ط
ي ة ر ش ث د ي م ذ ا ي ل ف ع ب ح
ص ن ث ر س ش ت ز ذ ص ص ت ظ ا ؤ ر
ة د ا ي ع ح ط ت ك ر ا م ر ب و س
ع ق ث ج ف ى ذ ؤ م ة ز ي ة ي ح م

مطار
بنك
مكتبة
مخبز
سينما
عيادة
مدرسة
منسق زهور
معرض
فندق

سوق
متحف
صيدلية
مطعم
صالون
ملعب
سوبر ماركت
مسرح
جامعة
حديقة حيوان

25 - Ingénierie

ق غ م م ى ظ ح س ا ب ف ؤ ت ز ش ظ
ت ف س ح ة د و ر ا ن ح ش غ ا ت و
م ح و ر م س ق ط س ا ر ل غ س و د
إ ك ح ك و غ آ ق س ء ن ث ح ظ آ ع
د ذ ق ص ت ح ل آ ز ي ة ف ش ظ ا ط
ث ص ر س م ب ي ا ن ي ج ع ر ل إ د
ؤ و ؤ ا غ ث ش ل ز ي د ث ت ج ز غ
ئ ب ز ئ ف ز م ض ا ف ذ ر ق ر ئ إ
ذ ز ذ ل د ش م ا ص ق و ة ق ا ط إ
س ز ق ت ؤ ب ذ ل ي س ز ز م ر د ث
ص ح س ه ث ي ج د ر و ا ك ع ق ح ج
ر ن ي ي ؤ ؤ ر ف ؤ و س ي ط ت ع خ
ض ط ق ك ا س س ع ي ع ز ت ف س ط ن
ف ح ي ل ض آ ل ة ؤ و ر ر ض ا ذ ن
د ا ا ب ل ص ذ ز ت ط ج ل ر ص ذ آ
ت م س ذ ت ب ز ص ل غ ت م ر ق ح ح

زاوية
محور
حساب
بناء
رسم بياني
قطر
ديزل
توزيع
التروس
طاقة

قوة
سائل
آلة
قياس
محرك
عمق
الدفع
دوران
استقرار
هيكل

26 - Énergie

ع	ؤ	ف	ط	و	ا	ة	ر	ف	ذ	ت	ع	ت	ر	ى	ق
ل	آ	ش	ص	ئ	ل	ل	د	ف	د	ف	د	ج	ج	ض	ا
ن	م	ف	د	و	ق	و	و	ص	ئ	غ	ذ	ف	س	ل	ب
س	ح	و	ط	ا	ئ	ت	ا	ن	و	ب	ر	ك	ب	خ	ل
ر	ذ	ص	ض	ى	و	ك	إ	ل	ك	ت	ر	و	ن	ك	ل
ث	غ	ؤ	ؤ	ن	ا	ك	ض	ع	ش	ق	د	ي	ز	ل	ل
ص	ظ	ذ	ط	ي	ئ	ا	ب	ر	ه	ك	ة	ا	ي	آ	ت
و	ك	ث	ة	ع	ا	ن	ص	ا	ف	ئ	ر	ر	ن	ك	ج
غ	ي	ر	ق	ا	د	ر	ع	ل	ي	ر	ا	ي	ي	ج	د
ذ	آ	ث	و	ل	ت	ل	ا	ب	م	ح	ر	ك	ج	ث	ي
ظ	ط	ك	ض	ي	و	و	ن	ط	ط	ي	ح	ص	و	ي	د
ب	ك	ش	ت	إ	ر	ح	ي	ا	م	ر	إ	ظ	ر	ط	ج
ن	ط	غ	س	ر	ل	ئ	ض	ر	إ	خ	س	د	د	ط	و
خ	و	ا	ص	و	ل	خ	ظ	ي	ن	ك	ا	ئ	ي	ز	ة
ت	ز	ة	ج	ب	ى	ط	ت	ة	ر	ف	ح	ا	ه	ؤ	ف
خ	ت	ا	ن	ي	ب	ر	و	ت	ل	ا	ط	م	ق	ئ	ر

هيدروجين
صناعة
محرك
نووي
فوتون
التلوث
قابل للتجديد
شمس
التوربينات
ريح

البطارية
كربون
وقود
حرارة
ديزل
غير قادر علي
بيئة
بنزين
كهربائي
إلكترون

27 - Cuisine

ا	ط	ف	ز	ق	أ	ع	ت	ث	ش	ث	ا	ا	م	ث	ف
ل	غ	و	آ	ل	ك	ض	و	ا	م	ض	ف	ل	ع	ل	ش
م	ئ	ل	ن	ز	و	ظ	ا	ح	ع	م	ق	ش	ل	ا	ض
ل	ح	ي	ا	ق	ا	ك	ب	غ	ك	ع	ذ	و	ر	ج	ل
ا	ت	د	ئ	ي	ب	غ	ل	ح	ؤ	ح	ف	ك	ى	ة	ئ
ع	إ	ن	ؤ	ر	ة	ر	ج	ظ	ؤ	إ	ر	ت	ر	ي	ف
ق	ى	م	ك	ب	ف	ف	إ	س	ف	ن	ج	و	ع	ا	ء
ي	ف	ث	ص	إ	ر	ئ	ص	ح	آ	ا	ر	ط	ز	و	ذ
ف	ف	ث	ع	خ	غ	ث	ر	و	ر	د	ي	ف	إ	ش	ة
م	ئ	ز	ر	د	م	ج	م	ر	ث	ي	ف	ب	ق	ش	ق
ا	ت	ع	خ	ف	ذ	ض	ط	ض	ظ	ع	م	ب	د	ر	خ
ع	ج	آ	و	س	ش	ز	ذ	ك	ئ	ى	ط	ا	ظ	ث	د
ط	س	ك	ا	ك	ي	ن	ع	ث	ح	ف	ك	ى	غ	ب	ن
ك	ى	ص	ف	آ	ت	ذ	ئ	ك	ص	و	ض	و	ط	ح	ذ
و	ة	ث	ي	خ	غ	آ	ف	ق	ح	ق	ز	خ	ض	ي	ن
ح	ة	آ	ا	ث	د	ب	ب	ي	ح	ع	د	خ	ب	ظ	ج

عيدان
وعاء
غلاية
مجمد
سكاكين
إبريق
الملاعق
توابل
إسفنج
فرن

الشوك
شواية
مغرفة
طعام
جرة
وصفة
ثلاجة
منديل
مئزر
أكواب

28 - Corps Humain

ا	ق	ه	ب	ص	ش	ف	ك	ا	ف	ك	إ	ظ	ؤ	ي	د
ت	ع	ج	م	ع	ب	ت	ن	ز	س	ف	ص	ر	إ	م	ة
م	ص	و	آ	ث	ذ	ك	أ	ذ	ق	ى	ب	ق	ى	ط	ة
ع	ة	ر	ك	ب	ة	ل	أ	ض	ج	ئ	ع	ب	خ	غ	ى
ع	ص	آ	ك	ر	د	ر	ى	ا	ذ	ق	ن	ة	ا	ث	ق
إ	ج	ي	ع	ص	ع	خ	خ	ر	د	ي	ل	ظ	ع	إ	غ
ب	م	د	ظ	ك	م	ظ	غ	ئ	ض	س	ل	ة	إ	غ	ي
ف	ف	إ	ب	د	ل	ذ	ل	ي	ظ	ت	غ	غ	ض	ش	ض
ج	ع	ف	ى	ر	ا	ط	ى	س	ك	ف	إ	س	ق	ه	ض
ط	ق	م	ح	ط	ل	ذ	ض	ز	ظ	ز	ض	ئ	ل	ا	ك
ع	و	ذ	ى	إ	ن	د	ش	آ	ف	ي	ح	ز	ب	ف	ؤ
ج	غ	ى	ى	ط	ة	غ	إ	غ	ؤ	ب	ك	غ	ح	ش	ا
ي	ة	ؤ	ل	ق	ز	ث	ع	ل	ئ	ف	ن	ا	ج	ل	د
د	ر	ش	ص	إ	ت	ئ	ا	آ	خ	ب	ظ	م	ح	ا	ز
ذ	ت	ث	ة	ى	ى	ق	ع	إ	ف	ص	خ	د	ى	ل	ؤ
ا	ق	ز	ر	إ	ج	ى	ة	م	و	س	ذ	غ	ث	ف	ط

فم
دماغ
كاحل
رقبة
كوع
قلب
إصبع
المعدة
كتف
ركبة

الشفاه
يد
فك
ذقن
أنف
أذن
جلد
دم
رئيس
وجه

29 - Biologie

إ	م	ت	و	ئ	ج	ت	ي	ح	ر	إ	ا	ق	إ	ا	ة
ا	ش	س	ن	و	ب	ص	ع	ش	ظ	خ	ك	ن	ر	ل	آ
ل	ؤ	ؤ	و	ا	ؤ	خ	ش	ح	ظ	ت	ر	ن	ذ	ك	ذ
م	ت	ن	م	ر	ض	ذ	ط	م	ن	ذ	و	ن	غ	و	د
ل	س	ة	ر	ف	ط	ج	ئ	ج	ا	خ	م	ج	د	ل	ا
ت	ع	ز	ه	ح	إ	إ	ل	ن	ف	ل	و	ب	ن	ا	ل
ع	ص	ب	ن	إ	ر	خ	ض	ث	إ	ي	س	ر	س	ج	ت
غ	ط	ا	ؤ	ح	ت	ج	ن	ي	ن	ة	و	و	ي	ي	ن
ل	ت	ح	س	غ	ل	ط	و	ث	ص	ع	م	ت	ة	ن	ف
ط	ب	ي	ع	ي	ي	ى	و	ذ	ا	د	ص	ي	ا	آ	س
ا	ل	ث	د	ي	ي	ا	ت	ر	ن	ئ	ا	ن	ف	ا	ل
ص	و	ف	ؤ	ي	ق	ب	ق	ت	ح	م	ش	ش	ذ	ل	ب
ث	ل	آ	ا	ح	خ	س	ث	ش	ك	غ	ض	ت	ص	م	ي
غ	ى	ث	ح	ك	ص	م	ض	ر	ا	ن	ز	ي	م	ش	ن
ش	ش	ك	د	ص	ت	ض	ت	ي	ف	ى	إ	ئ	ف	ب	ظ
ب	ك	ت	ي	ر	ي	ا	ف	ح	ا	و	ز	ل	ا	ك	ة

تشريح
بكتيريا
خلية
كروموسوم
الكولاجين
جنين
انزيم
تطور
هرمون
الثدييات
طفرة
طبيعي
عصب
عصبون
تناضج
بروتين
الزواحف
التنفس
تكافل
المشبك

30 - Épices

ش	غ	ص	ظ	ن	ظ	ي	ى	ش	ؤ	م	ى	غ	ظ	ي	ف
ز	ش	ل	ف	ل	ف	س	و	س	ل	ا	ق	ر	ع	ل	ك
ح	ع	م	ل	ح	ؤ	ج	آ	ك	د	ت	آ	ة	ف	ص	ا
ب	ا	ل	ي	ا	ن	س	و	ن	ض	ت	إ	ل	ت	ب	ر
ا	ئ	ث	و	م	ف	ة	آ	ئ	ب	س	أ	ة	ق	م	ي
ل	ث	ب	ئ	ض	ن	و	م	ك	ن	ح	ئ	ص	ف	ش	ج
ه	و	و	ي	ى	آ	غ	ى	ك	م	خ	ل	آ	ع	خ	ؤ
ا	ا	ف	ط	إ	ف	ب	ه	ر	غ	ر	م	ح	ث	ت	ق
ل	ا	ل	ش	م	ر	ة	س	م	ق	ص	ي	ح	و	ك	ر
ذ	ل	ظ	ك	ص	ط	ز	ف	ى	ط	ل	ى	ا	ز	آ	ف
ع	ي	ط	ة	ج	و	ز	ة	ا	ل	ط	ي	ب	ص	ى	ة
ع	ن	ئ	ط	ب	إ	ط	ك	ج	و	ص	ر	خ	ذ	آ	م
ض	ا	ن	ح	ل	ي	ب	ج	ن	ز	ة	و	ط	ن	ص	ص
ئ	ف	ز	ي	ض	ط	ئ	ي	ط	س	ي	ق	ض	س	ق	ش
ج	ى	ن	ا	ر	ف	ع	ز	و	ر	ض	ب	ب	ح	ة	ؤ
ن	س	م	ب	و	ر	إ	ح	ع	ئ	آ	ح	آ	ح	د	ى

زنجبيل
جوزة الطيب
بصل
فلفل أحمر
فلفل
عرق السوس
زعفران
نكهة
ملح
فانيلا

حامض
ثوم
مر
اليانسون
قرفة
حب الهال
كزبرة
كمون
كاري
الشمرة

31 - Agronomie

ف ص ن ك ل خ م ط ع ا ي ب ط ك إ ط
ئ ؤ ة م ظ ن أ ل ا ل ل ح ح ن ن ا
ش ق ع ع ص ر و ذ ب أ ج ث ت ق م ق
ب ي ئ ة س ا ر د ا م ف ا ء ا م ة
ا و ث ئ ة ر ا و ل ر ج ن ل ك آ ت
ذ ر ح ي د م ا ط ت ا ت ى إ ك ف ا
ذ ق ل ب س ل ر ذ ل ض ف ى ظ خ ة و
إ ك م ل ث ع ك ذ و ع ى م ح د ط ر
ر آ ت ا و و و ح ث ق س ن ح ي إ ض
ط ع ا م ج ث ا ف م ى ش ك ق آ و خ
ع ى ن ل غ ض ث ز م ع ر ص آ ل إ ب
ض د ز ع ت ن ع ى ك آ ت و ش ر ؤ ى
ة ع ا ر ز ف ظ ص خ ط ئ د ط ث ز ى
ي ئ غ ق م ض خ ا آ ق ف ؤ ك ج إ ا
و ض ث س ب ن ب ز ر ط ط ف آ ذ إ ا
ه ط غ ق ف ج ئ ئ د ؤ ش ش ر خ إ و

زراعة
نمو
ماء
سماد
بيئة
علم البيئة
طاقة
تآكل
دراسة
بذور

هوية
خضروات
الأمراض
طعام
التلوث
إنتاج
بحث
قروي
علم
الأنظمة

32 - Vêtements

ح	ز	ا	م	ل	ث	ة	ع	ذ	ر	غ	س	ى	غ	ج	ش
ؤ	ة	و	ص	ب	آ	س	ح	ض	ص	م	و	ة	ر	ت	س
ب	ض	ق	ل	ا	د	ة	ي	ع	ز	ذ	ا	ز	و	ا	ئ
ة	ى	ل	س	س	ش	ر	ف	و	ج	ص	ر	و	ش	ز	ن
ف	س	ت	ا	ن	د	ت	ؤ	ق	م	ي	ص	ل	ا	ا	آ
ط	ج	ص	ج	و	ب	س	غ	ق	ن	غ	ن	ب	ح	ف	م
ع	ز	آ	ي	م	ف	ل	ي	خ	غ	ز	ا	ز	ى	ق	ن
م	ت	ئ	ن	ذ	ل	ا	ظ	ش	آ	و	د	ر	س	خ	ذ
ش	ع	د	ز	ط	غ	ط	ح	ذ	آ	م	ل	د	غ	ق	ظ
ح	ا	ن	ث	ى	ت	و	خ	ج	ح	ي	ض	ت	ى	د	ي
خ	ة	ك	ز	ن	إ	ي	ع	ح	ث	ا	ظ	ى	غ	ف	ذ
س	خ	ذ	و	ع	إ	ي	ذ	إ	ع	ئ	ة	ؤ	ن	ش	ط
ر	غ	ر	س	ق	ص	ا	ر	ل	ى	ج	آ	ر	س	ن	م
و	ة	ز	ة	ب	ء	ا	ع	ئ	غ	ب	ي	ؤ	ظ	ح	آ
ا	ك	ئ	ب	ع	إ	ط	ص	ئ	ا	ض	ؤ	ل	ق	ش	آ
ل	و	م	ق	ة	و	ط	ك	ب	ج	ض	ة	ؤ	ل	ك	غ

سوار
حزام
قبعة
حذاء
قميص
بلوزة
قلادة
وشاح
قفازات
جينز

تنورة
معطف
موضة
سروال
سترة
لباس نوم
فستان
صنادل
مئزر
السترة

33 - Méditation

ا	ث	ق	ؤ	ة	ؤ	غ	ك	ع	ب	ئ	آ	ة	ا	ى	ض
ؤ	ل	ى	ب	ذ	ز	ن	ئ	ظ	إ	ت	م	ص	ل	ا	آ
ا	س	ع	ه	ا	ل	م	ر	ا	ق	ب	ة	آ	م	ل	ش
ب	ل	ذ	ا	ح	ي	ش	و	ل	ف	ي	ص	س	و	م	ا
ك	ا	ص	ب	د	ب	ئ	ؤ	ز	د	ل	ت	خ	ق	ن	ت
ع	م	ت	ت	خ	ا	ئ	ض	ذ	ى	ق	ر	س	ف	ظ	ؤ
م	ط	إ	ن	ص	ئ	ت	و	ذ	ا	ع	ذ	م	م	و	ر
غ	ف	ف	ا	ا	ل	ع	و	ا	ط	ف	ل	غ	ق	ر	ل
إ	ش	ط	ق	م	و	س	ي	ق	ى	ط	ب	ي	ع	ة	ش
ل	غ	ل	ب	ز	إ	ف	و	س	ظ	ث	إ	ص	ش	ك	ك
س	ص	ل	و	ا	ز	ن	س	ا	ك	ا	ح	ض	غ	ر	ر
س	ى	ا	ل	ب	ض	ت	ؤ	ظ	ث	ص	ء	ئ	ص	ح	إ
ج	و	ج	ع	ف	ز	ل	إ	ث	ث	ث	و	ض	و	ح	و
ج	ج	آ	ب	ن	ؤ	ا	ب	ض	م	ب	د	خ	ة	خ	ز
ح	ؤ	ج	ن	ن	د	غ	ب	ب	ج	ق	ه	ع	آ	ؤ	ز
ت	س	ش	ث	ض	ف	ض	ظ	ي	ض	ن	ض	ظ	ي	ح	ك

قبول	عقلي
انتباه	حركة
هدوء	موسيقى
وضوح	طبيعة
عطف	المراقبة
العواطف	سلام
مستيقظ	المنظور
اللطف	الموقف
شكر	التنفس
العادات	الصمت

34 - Littérature

م	أ	س	ا	ة	إ	ي	ق	ا	ع	آ	س	ط	ش	م	ث
ط	ر	ر	ك	خ	ج	أ	ح	ع	و	ص	ت	س	ا	ز	م
ئ	ئ	ظ	ة	م	ي	ر	ل	ن	ض	ج	آ	ز	ع	ر	ب
د	ة	ظ	ش	ق	ز	ا	ن	ا	و	ص	غ	غ	ر	ش	ث
ة	ذ	ج	و	ح	د	و	ط	ت	م	ا	ع	ز	ي	س	ل
ف	ظ	و	إ	ؤ	ر	ح	ق	ط	خ	ع	ل	م	ئ	و	ر
ج	م	ز	ص	ا	س	ت	ن	ت	ا	ج	ت	ر	ف	ا	ي
ق	ع	ر	ب	ف	ا	س	ت	ع	ا	ر	ة	ي	ا	و	ر
ا	ص	ك	ف	ل	ش	ة	ؤ	ز	د	ظ	ن	م	ط	و	ح
ل	ق	ي	ج	ؤ	ت	ح	ا	ف	ش	ف	ر	ع	ظ	ف	ي
ق	ر	ن	د	م	ش	ز	ة	ز	ض	ى	ا	ز	ي	ف	ذ
ي	إ	ل	ر	ة	س	ل	ؤ	ل	إ	ط	ق	ل	ق	ز	غ
ا	ع	ض	خ	ي	ح	ك	ا	ي	ة	ض	م	ز	ذ	و	غ
س	ا	م	ك	ف	ت	ح	ل	ي	ل	ز	ؤ	ى	ك	ر	د
و	ت	ط	آ	ا	م	ش	غ	خ	ي	ا	ل	ذ	ج	د	ز
ى	ي	ش	ة	ق	ؤ	ب	ش	ر	ج	ت	ن	ق	و	ا	ث

القياس
تحليل
حكاية
مؤلف
مقارنة
استنتاج
وصف
حوار
خيال
استعارة

الراوي
رأي
قصيدة
شاعري
قافية
رواية
إيقاع
نمط
موضوع
مأساة

35 - Nourriture #1

ب	ز	ج	ت	غ	ب	ن	ع	ى	ز	ك	م	ى	ل	ز	ئ
آ	آ	ج	آ	ص	ص	آ	ق	غ	ب	ث	ب	ظ	ي	س	ض
ي	ف	ز	ت	و	ل	ل	ك	ر	خ	ك	ز	د	م	ح	ل
آ	ر	ر	ي	د	ر	س	ث	ض	ن	ب	خ	ش	و	ص	ح
ر	ة	ط	ض	ل	ن	ق	و	ت	م	ي	خ	ر	ن	غ	س
ت	ظ	ظ	ص	ظ	ع	ص	م	غ	د	س	ب	م	ي	ي	ا
ح	ا	ل	س	ك	ر	ك	م	ث	ر	ى	ش	ع	ي	ر	ء
م	ل	ح	ئ	ظ	ي	ف	ر	ا	و	ل	ة	ف	ر	ق	إ
ج	ل	ي	ت	ث	ص	ذ	ت	ش	م	و	ا	خ	ط	ت	ز
ئ	م	ح	ب	س	ع	ث	ف	و	ر	ي	ح	ا	ن	ؤ	م
ة	آ	ع	غ	ب	ب	ة	ل	ذ	ن	ظ	ت	ك	و	ت	ؤ
ا	ر	ح	ف	ا	ص	م	ث	ر	ث	ة	و	ه	ق	غ	ذ
ث	ق	ل	ع	ن	م	ئ	ح	ر	ق	ط	آ	ج	ؤ	ح	م
ط	ك	ا	ض	خ	ظ	غ	ن	آ	ح	ل	ن	ئ	ظ	د	ؤ
ة	آ	ض	ذ	ز	ذ	ض	ي	ف	م	س	و	ق	ي	ز	ج
ث	ر	ب	ن	ش	ح	غ	ذ	س	آ	ى	ذ	ظ	ش	ل	ؤ

ثوم
ريحان
قهوة
قرفة
جزر
ليمون
سبانخ
فراولة
عصير
حليب

لفت
بصل
شعير
كمثرى
سلطة
ملح
حساء
السكر
تونة
لحم

36 - Jours et Mois

ن	ظ	ق	ص	ف	ل	ض	ح	ج	ة	ك	ط	ا	ق	ص	د
ب	ة	ص	ا	ر	ب	ر	ع	س	ك	إ	س	ل	ت	ع	ف
د	ف	ة	و	ص	غ	ر	ب	م	ت	ب	س	ث	س	ت	ز
ح	ر	ع	ج	ص	ح	ء	ا	ع	ب	ر	أ	ل	ا	ق	خ
أ	ك	ت	و	ب	ر	م	س	ي	م	خ	ل	ا	ص	و	خ
ل	ل	ط	ي	ب	ن	ة	ك	خ	ر	ه	ش	ث	ك	ي	ئ
ا	س	ق	ن	ي	س	ي	ن	ا	ي	ر	ن	ا	ؤ	م	س
ر	س	إ	و	ي	ف	أ	ش	ق	ى	ض	و	ء	و	ئ	إ
م	م	إ	ي	ى	ئ	ي	ت	ت	أ	ل	ف	ي	ؤ	س	ك
ا	ل	ا	ث	ن	ي	ن	ا	ش	ب	ت	م	ذ	ظ	خ	ش
ي	ا	ل	ج	م	ع	ة	ل	د	ر	غ	ب	ئ	ن	ي	س
ت	و	ظ	ي	ن	خ	ص	س	ص	ي	ز	ر	غ	ل	آ	ة
ئ	ذ	ل	ي	ا	غ	م	ب	ي	ل	خ	غ	ق	غ	ز	ظ
و	ط	ج	ي	ة	ف	ا	ت	ز	د	ي	ج	د	ب	ل	إ
ط	ت	ذ	ح	و	ز	ر	ث	ج	خ	ت	خ	ق	ث	ق	ن
ع	ض	س	ط	د	ة	س	ط	س	غ	أ	ف	ر	ا	ئ	ث

أغسطس
أبريل
تقويم
الأحد
فبراير
يناير
الخميس
يوليو
يونيو
الاثنين

الثلاثاء
مارس
الأربعاء
شهر
نوفمبر
أكتوبر
السبت
أسبوع
سبتمبر
الجمعة

37 - Jardinage

ل	آ	د	ت	س	ص	ا	ل	ح	ل	ل	أ	ك	ل	ظ	ب
ع	ن	ة	ر	م	ا	غ	ئ	ق	م	و	س	م	ي	ز	س
ب	ت	ب	ظ	ا	ح	ز	ط	ش	د	آ	ب	ش	ر	ه	ت
ط	ئ	و	ا	د	ذ	ض	ى	ج	ر	د	ف	ت	ج	ر	ا
إ	ز	ط	ف	ت	ح	غ	ؤ	م	آ	ذ	خ	ش	ن	ش	ن
ب	س	ر	ث	ب	ي	ر	غ	خ	ش	ر	ؤ	ن	خ	ج	ف
ب	ذ	و	ر	م	ع	ح	ق	ت	ج	ج	ق	و	ر	ر	ل
ا	ز	ت	ص	ق	ن	ى	ط	آ	ئ	ش	ر	ع	ط	و	ئ
ر	ل	و	ز	ي	ع	ا	و	ن	أ	ل	ا	ا	و	ش	ج
ت	ج	أ	ز	د	ظ	م	خ	ت	ق	ا	د	ء	م	ت	ن
ل	ة	غ	ز	م	ا	ء	إ	ر	إ	ق	ع	ط	ؤ	ب	ص
ا	ظ	ظ	ب	ه	ة	ة	ق	ب	ض	ا	ق	غ	ت	ز	ش
ن	ح	ف	غ	ق	ا	ص	إ	ة	س	ر	ط	ض	غ	و	ف
ق	ح	ص	ش	ث	ث	ر	ع	إ	ش	و	ث	ف	خ	ر	ت
ب	ا	ق	ة	أ	ز	ه	ا	ر	ا	أ	ة	ش	ن	ق	ؤ
ج	ح	ض	ى	ب	ل	ة	م	ت	و	ظ	ط	ح	ش	ة	م

نباتي
باقة أزهار
مناخ
صالح للأكل
سماد
ماء
الأنواع
غريب
أوراق الشجر
ورقة

زهر
الأزهار
بذور
رطوبة
وعاء
موسمي
التراب
تربة
خرطوم
بستان

38 - Entreprise

ا	ج	ت	ط	د	ق	ي	ض	ئ	ظ	آ	ذ	م	ا	ئ	ص
ل	ل	ك	ج	م	ذ	د	ة	خ	ج	آ	ذ	ك	ل	ئ	ا
س	إ	ض	ة	ث	و	ث	د	ي	ق	ق	ف	ل	ا	م	ح
ط	ة	ي	ر	ا	ج	ت	ة	ي	ل	م	ع	ئ	ق	ي	ب
ح	ق	ظ	ع	ا	ا	ت	ك	ز	ؤ	ض	ي	ى	ت	ز	ا
م	ك	ت	ب	م	ئ	ر	ر	ج	ت	م	ب	ا	ص	ا	ل
ب	ز	د	ث	و	ل	ب	ش	ض	ى	ا	و	ي	ا	ن	ع
ض	ح	آ	غ	غ	آ	ة	ن	ه	م	ل	ت	ظ	د	ي	م
ا	ش	ف	إ	ذ	ع	ي	ظ	ت	ص	ت	ت	ش	ف	ة	ل
ئ	ت	ر	ي	ف	ة	ل	ؤ	ك	ئ	ك	ض	ك	ك	ك	ر
ع	م	ب	ع	خ	ن	ا	ؤ	ل	ق	ل	م	إ	ت	ش	ا
و	ص	ح	ص	ئ	ن	م	ض	ل	ن	ف	ف	ط	ز	و	م
ط	ن	ص	ج	د	ب	ل	ر	ر	ث	ة	م	ؤ	خ	ص	ث
ب	ع	س	ت	إ	آ	ا	ا	ل	إ	ي	ر	ا	د	ا	ت
م	د	ظ	س	ى	ن	د	ئ	ك	ب	آ	ي	ج	ع	ص	س
ز	ظ	د	ئ	ف	ح	ئ	ش	ث	ا	إ	م	د	ن	خ	ا

مال	الاقتصاد
متجر	المالية
ميزانية	الضرائب
مكتب	استثمار
مهنة	بضائع
التكلفة	ربح
عملة	الإيرادات
صاحب العمل	عملية تجارية
موظف	مصنع
شركة	بيع

39 - Activités

ق	ا	ب	ت	ق	ح	ن	إ	ث	ض	د	ة	ظ	ى	ر	ى
ض	ل	خ	إ	ؤ	ط	ا	ن	آ	ش	ج	ى	ع	ط	د	ا
ح	ح	خ	س	ب	ر	ك	ع	ت	ى	ب	ج	ع	ض	ذ	إ
د	ي	س	ء	م	ي	ا	ل	ت	ر	ف	ي	ه	ة	ش	ئ
آ	ا	ا	ل	ل	و	ح	ة	خ	غ	ن	أ	ك	م	ي	س
ا	ك	خ	ش	غ	ص	آ	ن	و	س	ل	ث	آ	ق	ح	ا
ك	ة	ر	ل	ا	ت	ث	ت	ظ	ع	ع	ع	د	ر	ل	ع
س	ش	ت	ف	ة	ض	م	س	ا	ت	خ	ي	ي	م	ر	ن
ذ	ر	س	خ	م	ج	غ	ب	ا	ل	ر	ق	ص	غ	ص	ع
ن	ش	ا	ط	ش	ل	ش	ي	ص	ي	د	ا	ل	س	م	ك
ح	ش	ة	ء	ا	ر	ق	د	خ	ز	ل	ط	ا	ث	ة	ض
ذ	ا	ر	آ	ف	س	غ	ض	ر	ح	و	ة	ط	ا	ي	خ
ق	ل	ا	ر	ر	ى	ك	ف	ر	ح	ل	ا	ا	ن	ذ	غ
م	د	ه	ب	ط	ر	ذ	ق	ئ	خ	د	ن	ش	و	ط	ي
ش	ك	م	ت	ع	ة	ر	ق	غ	ص	ظ	ج	ن	ث	ف	ذ
ك	ع	ح	م	ث	ح	ن	م	ض	ا	ث	ظ	ئ	ث	ط	ذ

ألعاب
قراءة
الترفيه
سحر
اللوحة
صيد السمك
تصوير
متعة
استرخاء
الحياكة

نشاط
فن
الحرف
تخييم
الصيد
مهارة
خياطة
الرقص
المصالح
بستنة

40 - Mode

ى	ع	إ	ج	ح	ث	ج	ظ	ل	ي	ت	ن	ا	د	ل	ا
ر	ة	ع	ك	د	د	ل	و	ب	ن	ظ	س	ب	ا	ل	م
ث	و	ب	س	ي	ط	ر	ح	س	ئ	د	ي	ر	ز	ظ	و
ر	ج	م	م	ث	ا	ذ	ي	س	ش	ق	ا	ؤ	م	د	خ
ط	ج	ذ	ن	أ	ط	ج	ر	ث	ي	ل	م	ع	ع	ح	ق
ص	آ	ص	م	ص	ج	ئ	م	ا	إ	ك	ح	ت	ض	ي	ي
م	ن	ق	ظ	ل	ب	م	ؤ	و	س	ر	ط	ا	ا	ا	ن
ك	ح	ر	ن	ي	ت	ظ	ي	ق	ت	ك	ذ	س	و	ل	أ
ل	ى	ن	م	ط	ظ	غ	ط	ش	ج	آ	ا	ة	ت	ح	ج
ف	ث	ى	و	ب	ق	خ	ؤ	ط	ح	ت	ف	ح	م	د	غ
ة	ت	ر	ط	ل	م	ك	ي	ت	و	ب	ض	ق	ل	ا	خ
ط	ط	ا	ت	ج	ا	ه	ث	غ	ض	ظ	س	ق	ث	ل	ر
ئ	ر	ر	ش	م	ش	ب	إ	ى	ق	ل	ق	ط	ث	أ	م
ة	ي	ز	و	ذ	ل	ش	م	ي	ظ	ب	ز	ح	ق	د	ق
ي	ز	أ	ش	آ	ظ	م	د	غ	ؤ	ط	ر	ف	ف	ن	غ
س	ى	ف	ز	ش	ق	آ	ح	ز	ة	ؤ	ق	ي	ص	ى	و

متواضع
أصلي
عملي
بسيط
متطور
نمط
اتجاه
نسيج
قماش
ملابس

بوتيك
أزرار
تطريز
مكلفة
مريح
الدانتيل
أنيق
قياسات
الحد الأدنى
حديث

41 - Fleurs

ك	ئ	ك	م	ز	ا	ا	ر	ا	ه	ز	أ	ة	ق	ا	ب
ؤ	ص	ف	ا	ه	ل	ل	ظ	ئ	خ	ز	ا	م	ى	ؤ	ي
د	ب	ر	غ	ر	ف	س	غ	ر	ع	و	ل	ك	ؤ	إ	ل
ط	خ	ز	ن	ة	ا	ح	ع	ذ	ق	ز	ه	ن	غ	ض	و
ش	ظ	إ	و	ا	و	ل	ث	ى	ص	ت	ن	آ	آ	ت	ت
إ	ب	ط	ل	ل	ا	ب	ي	ج	ا	ر	د	ي	ن	ي	ا
ش	خ	ن	ي	ع	ن	خ	ع	ب	د	ص	ب	ز	ك	ل	ئ
ل	ف	ن	ا	ا	ي	ط	د	ي	س	ض	ا	غ	خ	ق	ع
ر	ث	ى	و	ط	ا	ه	ز	ح	ط	ة	ء	ش	خ	ب	ن
س	ا	ط	ئ	ف	ز	ي	ع	س	ئ	ع	خ	ب	ا	ن	م
ب	ص	إ	ذ	ة	ط	د	آ	ة	غ	ا	ط	د	ك	ز	ض
ة	ل	ت	ب	ل	ا	ك	ى	ب	ش	ض	ا	ض	ؤ	ح	د
ض	ج	ئ	ا	ل	ن	ر	ج	س	ا	ل	ب	ر	ي	ف	م
ن	ي	م	س	ا	ي	ك	ق	ن	ش	ى	م	ة	د	ر	و
ك	ر	س	إ	ا	س	ل	ز	م	آ	ص	ذ	إ	ذ	ة	ك
آ	ي	ت	و	إ	ظ	ا	س	ي	ي	ن	ا	و	ج	ر	أ

السحلب
زهرة العاطفة
الخشخاش
البتلة
الهندباء
الفاوانيا
وردة
عباد الشمس
نفل
توليب

باقة أزهار
جاردينيا
الكركديه
ياسمين
النرجس البري
خزامى
أرجواني
زنبق
ماغنوليا
ديزي

42 - Nourriture #2

ة	ض	ي	ب	ش	و	ك	و	ل	ا	ت	ة	ز	ت	ب	ك
ج	ق	و	ن	ا	ا	غ	ة	ق	ب	ئ	ف	ز	ي	ز	إ
ت	ئ	ي	ع	ج	ذ	ص	ص	ر	ث	و	ل	ذ	ى	ذ	ع
و	ز	ك	ا	ح	ا	ن	ق	ص	ا	ا	ض	و	ذ	ط	ؤ
ص	خ	خ	ش	ض	ض	إ	ج	ى	ي	آ	ف	ب	ز	ر	ؤ
ذ	ذ	ض	إ	ق	ف	ت	آ	ا	ت	ك	ق	م	ث	ئ	خ
ض	ز	د	ى	ة	ة	ن	ي	غ	ن	ب	إ	ت	ض	ع	ص
ف	ذ	ئ	ج	غ	ب	و	ل	ي	آ	ح	ؤ	و	د	ن	ة
ة	و	ن	خ	ا	ؤ	ح	ج	ل	ى	ئ	ؤ	ب	ا	ز	ن
ف	ص	ع	ك	ض	ج	ئ	غ	ك	ق	م	ح	ا	ف	ت	ز
ا	ض	و	ل	ة	ؤ	ى	ك	خ	ش	آ	ز	خ	ب	ز	ك
ط	ج	ذ	ط	ب	ص	ئ	آ	ذ	ا	م	إ	آ	ا	ر	ر
ا	آ	ت	ظ	آ	ت	ذ	ا	آ	غ	ر	ف	ط	ر	ج	ف
ك	ر	ز	م	ط	ا	م	ط	ي	ذ	س	م	ك	ف	ق	س
ن	ل	ئ	و	ج	ن	ا	م	ب	ر	و	ك	ل	ي	خ	ئ
ؤ	ر	ي	ز	ن	خ	ل	ا	م	ح	ل	أ	ر	ز	ق	ف

كيوي
مانجو
بيضة
خبز
سمك
تفاح
دجاج
عنب
أرز
طماطم

لوز
باذنجان
موز
قمح
بروكلي
كرز
كرفس
فطر
شوكولاتة
لحم الخنزير

43 - Algèbre

ل	خ	ة	ل	ك	ش	م	ح	م	ع	ا	د	ل	ة	ئ	ك
ظ	غ	ف	م	ا	ك	ى	ل	إ	آ	إ	ج	إ	ع	ر	د
ق	ع	و	ا	ي	ن	ا	ي	ب	م	س	ر	ف	ذ	ت	ك
ث	ئ	ف	ع	ط	ح	ه	ف	ت	و	ظ	ا	ب	ق	ض	ى
ط	ؤ	ص	و	خ	ب	غ	ا	ق	و	س	ر	ث	ق	ظ	ش
د	ق	م	م	و	ظ	ظ	ض	ئ	ر	ض	ق	ي	ض	ن	ح
ض	إ	ؤ	ج	أ	ط	خ	ل	ى	ي	ي	م	ة	ع	ض	ط
ث	ر	س	م	س	ث	إ	ص	ع	غ	ض	ئ	ج	ظ	ظ	ط
ش	ص	ط	ص	ر	ف	ؤ	غ	ي	ت	ع	ش	ن	ا	ل	د
ة	د	ي	ث	ن	إ	ة	ن	ت	م	ش	ى	ص	ف	ح	ت
ف	د	ا	ل	ر	س	م	ا	ل	ب	ي	ا	ن	ي	ص	آ
ث	ئ	ظ	ظ	ت	ذ	ز	ز	ا	ص	ة	ث	ا	د	ف	ث
ض	ت	ط	ز	ز	ب	س	ش	ض	خ	ص	ق	ل	آ	ر	ر
ق	ض	س	ح	ا	ج	س	ز	ب	ش	م	ع	ط	ع	ج	ج
آ	ك	م	ي	ة	ز	ع	ي	آ	س	ى	ي	ر	غ	م	ط
ف	ي	ا	ض	ؤ	ء	ق	ط	ط	و	ل	د	ح	إ	ر	ث

رقم
قوس
مشكلة
كمية
تبسيط
حل
مجموع
الطرح
متغير
صفر

رسم بياني
أس
معادلة
عامل
خطأ
جزء
الرسم البياني
لانهائي
خطي
مصفوفة

44 - Océan

ع	ل	ظ	ك	ج	آ	ع	ق	ئ	س	ل	غ	ا	ط	ق	د
ر	ا	ت	م	ت	ظ	ة	ر	ا	ح	م	ي	ل	إ	ئ	س
ب	ث	ص	غ	ي	غ	و	ش	ح	ق	ذ	م	م	ت	ق	ا
ل	ش	إ	ف	ؤ	ل	ى	ع	ك	ة	ظ	د	ر	س	م	ل
ي	ل	م	ق	ة	ة	ب	ف	غ	ب	ر	إ	ج	م	ض	م
ف	ح	ش	ث	ى	ف	ل	ي	ح	آ	ن	ة	ا	ك	ؤ	د
خ	م	ي	ط	ر	ح	ب	ل	ا	ل	ي	د	ن	ق	ل	و
ب	ل	ا	ح	ط	ل	ا	م	ح	م	ف	ض	ا	و	ج	ا
ح	ح	ق	ا	ر	ب	ص	ن	ح	ص	ل	إ	ط	ذ	ت	ل
خ	آ	د	أ	م	و	ا	ج	ث	آ	و	ت	ر	ش	و	ج
ك	ى	إ	ئ	ك	ج	م	ب	ر	ي	د	ح	س	ع	ح	ز
ف	ظ	م	س	ا	م	ن	أ	خ	ط	ب	و	ط	ك	ف	ر
ش	ل	ح	س	م	ة	ا	ف	ح	ل	س	ك	ث	ح	ج	ق
ا	س	خ	ز	ض	ت	ب	ض	س	ش	خ	ب	ل	ل	ة	ج
ك	ت	ا	ك	ؤ	ض	ع	ر	ج	إ	ز	ظ	ظ	ت	س	د
ظ	ك	غ	ة	م	ح	ث	ص	ث	ق	ش	ن	ا	و	ش	ش

المد والجزر
قنديل البحر
سمك
أخطبوط
قرش
ملح
عاصفة
تونة
سلحفاة
أمواج

الطحالب
ثعبان
حوت
قارب
المرجان
سرطان
جمبري
دولفين
إسفنج
محار

45 - Remplir

ث	ت	ء	ج	ى	ط	ا	ع	ص	ئ	ذ	ص	إ	ط	غ	ج
ز	ج	ا	ج	ة	م	ز	ح	ع	ي	ف	ة	ر	ا	د	و
ؤ	ر	ع	ر	ق	ط	آ	ظ	ر	ل	ن	آ	ث	غ	إ	ج
ؤ	د	و	ح	ف	أ	ن	ب	و	ب	ب	ي	ص	د	ض	ن
م	ل	ن	ح	ص	خ	ي	ض	ض	ى	و	ة	ة	خ	ف	ز
ؤ	ا	خ	و	ك	ذ	ص	آ	غ	ص	ن	ر	ذ	ط	ئ	ت
ح	ج	ا	ض	ض	ئ	ب	ت	ذ	م	ز	ج	ق	ب	خ	ا
ق	ل	ص	آ	ك	ت	ل	ر	ئ	ا	ج	ش	ك	ق	إ	ر
ي	ر	ذ	ن	ث	ز	ت	ف	م	ن	س	ؤ	ن	م	ك	ق
ب	ز	ه	ر	ي	ة	ا	ن	ر	ي	ع	ر	ج	ت	س	ج
ة	إ	ظ	ص	ح	و	ص	غ	ك	د	ل	ج	م	ص	ؤ	ئ
س	ي	ك	ر	د	س	م	ب	ح	ن	ؤ	ف	آ	خ	ك	ظ
ف	ل	غ	م	ذ	ل	ك	ر	ت	و	ن	ل	ن	ج	غ	آ
ر	ش	م	ز	ظ	ة	د	ل	و	ش	ط	آ	ؤ	ذ	ة	ب
ؤ	ز	ع	ص	ؤ	ش	ب	ذ	ج	ي	ب	ؤ	م	ح	ظ	ث
ك	ع	ر	ى	غ	ش	و	ئ	ن	ع	ق	ب	س	د	ص	ت

برميل
حوض
علبة
زجاجة
قفص
كرتون
مجلد
مغلف
وعاء
سلة

حزمة
صينية
جيب
جرة
كيس
دلو
الدرج
أنبوب
حقيبة سفر
زهرية

46 - Antiquités

د	ص	ظ	س	ز	ك	ي	ش	ي	أ	ن	ي	ق	س	ش	ج
ج	ي	ن	ز	ة	ض	ط	ا	ل	ق	ي	م	ة	د	و	ج
ل	خ	ك	خ	و	ج	ص	ن	ص	ش	د	ي	د	ل	ش	ظ
ث	ن	ف	و	ب	ؤ	ص	ي	أ	ض	ا	د	ا	ا	آ	ة
و	إ	ح	ذ	ر	إ	ى	ت	ج	ذ	ع	ق	ع	إ	ف	ب
ة	ص	ن	ف	و	ح	ن	ا	ض	ص	ر	إ	ت	د	ل	ي
د	ئ	ت	إ	ع	ش	ئ	ر	س	ؤ	ي	خ	س	غ	س	م
ف	آ	س	ش	ح	ع	ت	ه	ة	ت	غ	م	ا	ر	ث	ع
ق	س	ط	م	ن	ؤ	ث	و	ث	ا	ث	ن	م	س	غ	ي
ا	ر	ة	ز	ف	ن	خ	ج	ف	ح	ي	م	أ	ث	ا	ث
ل	ث	ن	ا	ذ	ي	ظ	م	ك	و	ؤ	ث	ا	ض	د	ذ
ن	ك	ش	د	ح	ق	ك	ث	ا	ل	ر	ح	غ	ر	آ	ط
ح	ظ	ب	ع	ص	ئ	ي	إ	ب	و	ى	ل	ة	ع	ت	غ
ت	ل	ي	ل	ب	ح	م	ط	ق	ظ	ا	ش	ص	م	د	ص
ل	ق	ص	ن	ل	ث	آ	ي	ي	ف	ز	ح	د	غ	ة	م
ث	ذ	ة	ي	ن	د	ع	م	ت	ا	ل	م	ع	ي	ص	ي

لوحات
عملات معدنية
ثمن
جودة
استعادة
النحت
قرن
نمط
القيمة
قديم

فن
أصلي
مجوهرات
ديكور
مزاد علني
أنيق
معرض
غير عادي
استثمار
أثاث

47 - Réchauffement Climatique

غ	د	ة	ع	ا	ن	ص	ر	ف	ظ	ر	ش	ى	ؤ	م	ا
ح	و	إ	ط	س	ل	ط	ة	ا	ز	د	و	م	ا	ن	ل
ك	ل	آ	غ	ا	ز	أ	ا	غ	ف	ة	ح	ط	ن	ا	س
و	ي	ف	ا	خ	س	ط	ج	ذ	آ	ص	م	ة	ت	خ	ك
م	ت	ي	ذ	ل	ف	ط	ل	ي	د	ذ	آ	ش	ب	د	ا
ة	ش	ط	ج	ق	ق	ت	ا	ن	ا	ي	ب	ل	ا	خ	ن
ئ	ر	أ	ز	م	ة	ط	خ	س	ة	ل	ش	د	ه	خ	آ
ك	ي	ل	ك	ل	ح	ط	ب	م	س	ت	ق	ب	ل	ت	ل
ق	ع	إ	م	ا	ث	س	ظ	ا	ض	ظ	ض	ذ	ت	خ	ا
ذ	ي	ط	ة	ع	ؤ	ك	ة	ض	ل	ى	ذ	آ	ز	ل	ر
ئ	د	غ	ص	ئ	ذ	ي	ل	ح	ن	ش	ث	و	ة	ث	ع
ب	ي	ئ	ا	ت	ف	ض	ر	ح	ص	ف	م	ف	ش	ظ	س
د	ر	ج	ا	ت	ا	ل	ح	ر	ا	ر	ة	ا	ن	ج	م
ت	و	ى	آ	س	ط	ت	ق	ي	ص	ن	ر	آ	ل	ص	ض
ط	ؤ	خ	إ	ذ	ا	ل	ب	ي	ئ	ة	ق	ا	ط	ي	ل
ج	إ	ع	ظ	ض	ط	د	ق	ؤ	إ	ئ	ش	ى	خ	ج	ن

الأجيال
حكومة
بيئات
صناعة
دولي
تشريع
الآن
السكان
عالم
درجات الحرارة
القطب الشمالي
انتباه
مناخ
أزمة
تطور
البيانات
البيئة
طاقة
مستقبل
غاز

48 - Ballet

ا	د	ر	ف	ن	م	ش	ى	ن	ة	ص	و	ج	ئ	ة	ب
م	ل	غ	ق	ن	ت	ت	ظ	خ	ع	إ	و	ع	س	ف	ا
ش	ى	ر	و	ه	م	ج	ل	ا	و	ي	ن	ف	ة	ؤ	ل
ل	آ	ق	ا	ا	ى	آ	ض	س	ح	ق	ظ	ح	ص	ر	ك
و	ز	ع	آ	ق	ب	ر	و	ف	ة	ا	ج	ة	ل	ط	و
ل	ل	م	ث	ط	ص	ظ	ص	و	د	ع	ق	ن	ع	م	ر
ج	ف	ى	و	ذ	ن	ا	إ	ص	ش	غ	خ	خ	غ	ن	ي
د	ت	ا	ل	ض	ع	خ	ت	ة	ؤ	ى	ج	خ	ى	ف	غ
إ	ة	أ	و	ر	ك	س	ت	ر	ا	ح	ل	ح	ح	ر	ر
آ	ر	ي	ش	ى	ق	و	ع	إ	ل	م	ؤ	ح	ز	غ	ا
ح	ب	ئ	ث	ظ	ذ	ر	ك	إ	ض	ا	و	ي	ل	ظ	ف
ئ	ع	د	ق	ج	ة	د	م	ح	و	ف	ص	س	ق	ة	ي
آ	م	م	ة	ي	ذ	ل	ه	ط	ك	ض	ث	ص	ي	ئ	ا
ش	ث	ز	د	ش	ع	ا	ا	ذ	ص	س	ل	ذ	ف	ق	ظ
خ	ز	إ	خ	ي	غ	ص	ر	ج	آ	م	ئ	ذ	ص	ة	ى
ز	ب	ذ	ث	ل	م	ر	ة	ي	ن	ق	ت	ض	ت	خ	غ

تصفيق
فني
الكوريغرافيا
مهارة
ملحن
الراقصات
معبرة
لفتة
شدة
الدروس

عضلات
موسيقى
أوركسترا
الجمهور
بروفة
إيقاع
منفردا
نمط
تقنية

49 - Fruit

ك	ب	م	ت	ز	ت	و	ة	خ	م	ك	ا	س	ر	ب	و
ر	ة	ؤ	ى	د	ر	خ	ن	خ	و	خ	م	ا	ن	ج	و
ز	ى	ؤ	ك	ز	إ	س	ك	ق	ز	ب	ض	ن	ا	ذ	إ
ش	م	ا	م	ى	ش	ر	ك	م	ص	غ	د	ا	ل	ف	ت
ن	إ	ت	ب	ر	ق	و	ق	ت	ث	ا	آ	ن	ش	غ	ح
و	ز	ى	و	ث	ظ	ا	إ	ف	إ	ر	ك	أ	م	ؤ	غ
ض	ل	و	م	ت	ن	ل	ئ	ا	خ	ر	ى	ع	ا	ز	ا
ر	ل	ن	ا	ش	ا	ن	ا	ح	ب	ج	ع	ب	م	ع	ث
ب	ا	ب	ا	ي	ا	ل	خ	ب	ي	ن	ظ	ث	ا	ت	م
أ	ض	ئ	ئ	و	ؤ	ت	ع	و	ر	ظ	ى	ة	ل	ؤ	ش
ف	ل	ؤ	ق	ي	خ	ة	ك	ل	ي	ظ	ن	ظ	إ	ص	م
و	ا	ط	ف	ك	ذ	ث	ا	ص	ي	ف	ض	ل	ف	ص	ش
ك	ر	ل	ة	ك	ض	ت	ص	ت	ن	ق	د	ر	ذ	ف	ئ
ا	ل	ي	م	و	ن	ق	ي	ب	ر	ت	ق	ا	ل	ي	ى
د	ى	س	ن	ؤ	ي	ي	ص	ن	غ	و	س	ح	ث	ث	ع
و	ع	ن	ب	ل	د	د	ن	ر	ن	ث	ن	ن	ن	ب	ذ

مشمش
أناناس
أفوكادو
بيري
موز
الشمام
كرز
ليمون
تين
توت العليق

كيوي
مانجو
شمام
برتقالي
بابايا
خوخ
كمثرى
تفاح
برقوق
عنب

50 - Technologie

س	ا	ر	ي	م	ا	ك	ب	ط	ف	ن	ئ	ث	ظ	ض	ز
م	ن	ل	ث	ذ	ك	ط	ا	ذ	و	ف	ض	ت	د	ذ	ش
ج	ث	ر	ح	ط	ع	ن	ك	ت	ك	ر	ى	ة	غ	ل	ر
ف	خ	ة	ب	ا	ش	ؤ	ى	ط	و	و	ض	ك	ص	س	ق
أ	م	ن	خ	ط	س	ى	س	إ	ن	ت	ر	ن	ت	و	ت
ن	ث	و	ا	ب	خ	و	ر	ج	ل	ض	ع	ئ	ط	د	ق
ك	د	د	ر	ص	ف	ن	ب	ا	ل	م	ت	ص	ف	ح	غ
ا	و	م	ؤ	إ	ا	ي	ث	غ	ا	ة	ك	و	ض	م	ى
ؤ	ة	ئ	ي	إ	د	ئ	آ	ز	ن	خ	ز	ن	ى	ط	آ
ب	ج	س	ى	ش	ر	ن	ت	ك	ى	م	ك	ش	ز	م	ر
ف	ر	ا	ل	م	ؤ	ش	ر	ي	د	ة	ل	ا	س	ر	ق
ي	ة	م	خ	ك	غ	ذ	ب	ج	ا	ط	م	ف	ح	غ	م
ر	ع	إ	ج	إ	ة	ء	ا	ص	ح	إ	ل	ا	إ	ث	ي
و	ج	آ	و	ي	ش	ؤ	ي	ا	ل	ب	ي	ا	ن	ا	ت
س	خ	ظ	ي	ب	ا	ذ	ت	ا	ف	ت	ر	ا	ض	ي	ة
س	م	م	ر	ق	ش	ت	د	ج	ش	ك	ك	ط	د	ف	ح

عرض
مدونة
كاميرا
المؤشر
البيانات
شاشة
ملف
إنترنت
برمجيات
رسالة

المتصفح
رقمي
بايت
الحاسوب
خط
بحث
أمن
الإحصاء
افتراضية
فيروس

51 - Musique

ا ش م و ب ل أ ع ى ؤ ق ؤ ي غ د ر
ل ا ا غ غ غ ذ ر إ ل ؤ ح د ق آ م
إ ع ج إ ن و ف و ر ك ي م م س و ح
ي س ر ة ي ط ع ظ ل ؤ ى ت ظ س ن إ
ق ي ن ع س أ غ ن ي ة ن ز ي ى ن ث
ا ن ا ج ح ح د ح ج ا غ ق آ ض ي غ
ع غ ي ج ت ئ إ ل س د ي ذ ؤ و ن ز
س م ع ذ ز ذ ى ق ت أ ن ث ط ا ئ ر
ك ل ا س ي ك ي ث ح ة ؤ ض ئ ن ا ن
ى ا ق م ط ف م ة ح م ئ ي ظ ي ح ش
د ا ي إ ؤ ف آ ي ج ض ة ع ج ح ي ا
ح غ إ ا ص ي ث ق ج ف ص ا ر ب و أ
س ك ت د ئ ر ي ت و ص س ق ظ ن د ى
ا ذ ز ث ز ك ذ ض خ ظ آ ي ت و ظ آ
ك ع غ ث ض ز ر ث ر ظ ؤ إ إ د ؤ إ
و ج ؤ إ م ف ف ظ ف ش ر س آ ك ذ ل

ألبوم
أغنية
غنى
المغني
كلاسيكي
تسجيل
انسجام
متناسق
تحسين
أداة

غنائية
لحن
ميكروفون
موسيقي
أوبرا
شاعري
إيقاع
إيقاعي
الإيقاع
صوتي

52 - Météo

ؤ	ت	ع	ا	ذ	د	ط	ع	ب	ش	ع	ج	ظ	آ	ا	د
و	س	ص	ا	س	ت	و	ا	ئ	ي	ب	ط	ق	ل	ر	ي
ح	ب	إ	ت	ث	ح	ئ	ص	ق	ص	غ	ذ	غ	ج	ا	ل
ح	ط	ا	س	م	ح	ر	ف	ض	ف	ا	ل	ة	ف	ص	ج
ي	ت	ج	ل	ق	غ	ط	ة	ؤ	إ	ا	ا	ل	ر	ع	د
ب	ا	ف	ة	ج	ط	ئ	ح	آ	ف	ل	ز	غ	ص	إ	ت
ك	ق	ا	آ	ع	ؤ	خ	م	ا	ح	س	ق	ؤ	ز	ص	ة
ش	ل	ف	و	ب	ط	ر	ل	ر	ز	ذ	ق	خ	ا	ن	م
ك	ل	ؤ	ة	إ	ص	ج	ا	ف	ق	ئ	ى	س	إ	ا	ي
ز	ف	ع	د	ئ	و	ر	ك	ن	س	ض	ك	ز	و	ض	س
ئ	ف	س	ع	ي	ة	ر	ه	د	و	ء	آ	ط	إ	ي	ن
ي	ح	ى	ظ	ب	ع	ج	و	س	ق	ا	ؤ	ط	ب	ف	ع
ذ	ن	ا	ف	غ	ى	ق	ح	ا	ش	م	ع	ك	غ	خ	ب
ظ	د	ع	إ	ذ	ش	ا	ي	ل	ق	س	ظ	ح	ش	ر	ى
ا	ل	ض	ب	ا	ب	ئ	ر	غ	ط	ي	د	ث	آ	ص	خ
ع	خ	ج	ض	ة	ذ	ن	ف	ض	ذ	ض	ص	ك	ث	ص	ق

سحابة
قطبي
جاف
جفاف
درجة الحرارة
عاصفة
الرعد
إعصار
استوائي
ريح

قوس قزح
الغلاف الجوي
نسيم
الضباب
هدوء
سماء
مناخ
جليد
رطب
فيضان

53 - L'Entreprise

ا	ت	ع	ف	ا	ذ	ؤ	ش	ق	ذ	ا	إ	ا	ى	ص	ة
ر	ت	ج	د	ت	و	ظ	ي	ف	م	ل	م	ل	ظ	ن	ة
ش	ص	ج	ر	ؤ	ظ	ث	ش	ن	ؤ	م	ك	و	ي	ا	ؤ
إ	ك	ل	ا	ا	ا	ث	و	د	آ	خ	ا	ح	ق	ع	ف
ر	ب	س	و	ه	ن	غ	ث	ط	ح	ا	ن	د	ح	ة	ط
ط	ع	ي	م	ن	ا	ك	ج	ث	ح	ط	ي	ا	ا	ك	د
ظ	آ	ض	ل	س	ط	ت	ع	ر	ض	ر	ة	ت	غ	إ	ذ
ئ	ز	ف	ا	س	ح	و	ث	ل	ض	خ	ي	إ	د	ث	ج
ث	ى	ط	ش	م	ح	ت	ر	ف	ع	ك	ط	ؤ	ت	ض	ض
ؤ	س	ة	ة	ك	ع	خ	ي	ع	م	ة	ض	ث	ش	ض	ح
غ	ج	ق	ى	خ	ظ	ة	ى	ش	ل	ز	ة	ش	ك	ن	و
ر	ك	ت	ب	م	ر	غ	إ	ت	ق	م	د	ق	ت	ة	ك
خ	ة	ي	ن	ا	س	ت	ث	م	ا	ر	و	ا	ر	ج	ح
ب	ع	ا	ل	م	ي	ش	ئ	إ	م	ض	ج	ل	ن	ا	إ
ز	م	ج	ث	ج	ل	ث	آ	آ	م	ؤ	ص	خ	ر	ع	ر
ى	س	ك	ك	ؤ	ض	ا	إ	ي	ر	ا	د	ا	ت	ج	ئ

عمل
خلاق
قرار
توظيف
عالمي
صناعة
مبتكر
استثمار
إمكانية
عرض

المنتج
محترف
تقدم
جودة
الموارد
إيرادات
سمعة
المخاطر
اتجاهات
الوحدات

54 - Gouvernement

ب	ق	آ	خ	ض	ؤ	ز	م	ؤ	ق	آ	ك	و	ث	آ	د
ذ	ق	ج	م	ق	س	س	ذ	ض	ر	ف	ص	ث	ي	ض	ع
ؤ	ز	ح	و	ا	ن	ق	ا	ش	ش	ط	د	ى	ز	و	ز
ا	ص	ذ	ة	ف	ك	ئ	ة	ي	ط	ا	ر	ق	م	ي	د
ا	ت	ا	س	ا	ي	ر	و	ت	س	د	ش	س	ر	ل	ك
ك	د	ث	ا	م	ة	س	ا	ي	س	ح	ئ	ط	ت	ح	ي
ت	ا	ئ	ة	د	ل	ع	ض	ي	س	ق	ع	ل	س	ي	م
ت	ي	ئ	ظ	ن	ا	ق	ق	ا	ن	و	ن	ج	ح	ش	ج
ا	ث	ج	ئ	ي	د	ك	م	س	ي	ق	ئ	ض	ن	ل	ظ
ص	آ	م	ض	ن	ع	ة	ئ	ي	ن	ب	ز	ع	ب	ص	ن
ا	ة	ش	ن	ا	ل	م	و	ا	ط	ن	ة	ي	ر	ح	ر
ف	ا	ح	ئ	ا	إ	أ	غ	ن	و	ذ	م	ب	ا	ط	خ
ظ	ن	ة	ح	ا	س	ت	ق	ل	ا	ل	غ	ئ	ج	ف	خ
و	س	ذ	ؤ	خ	ا	ا	ل	م	س	ا	و	ا	ة	ز	ش
ئ	ط	ؤ	ش	س	د	ق	ت	ؤ	ن	آ	د	ي	ى	ض	ض
ن	ف	د	ى	ئ	ح	ك	إ	ب	خ	ف	ش	إ	ق	آ	د

المواطنة
مدني
دستور
ديمقراطية
خطاب
نقاش
حقوق
المساواة
حالة
استقلال

قضائي
عدالة
حرية
قانون
نصب
أمة
وطني
سلمي
سياسة
رمز

55 - Randonnée

ل	و	د	ؤ	ق	ئ	ا	د	ح	ل	ا	ة	ع	ي	ب	ط
ئ	ث	ح	م	ث	م	ظ	ض	ن	ب	ث	م	ى	ع	ى	ئ
و	ف	آ	ز	غ	ا	ث	ت	ط	ج	ع	ق	ت	د	ة	آ
ي	ر	ب	ة	ض	ء	س	ق	ط	ل	ع	م	خ	ا	ن	م
غ	ج	ق	ك	د	غ	إ	م	ر	ي	ض	ح	ت	س	م	ئ
ح	ا	ث	ر	ة	ف	ك	ي	ف	ن	ن	ئ	د	ئ	ث	ئ
ث	ن	ط	ف	ى	ج	ن	ي	ت	خ	ة	ن	ئ	ش	س	س
خ	ى	ظ	ا	ا	ل	م	خ	ا	ط	ر	ط	د	ا	إ	ش
ر	ز	م	ش	ش	ح	إ	ت	ن	ز	ا	آ	ح	ق	م	ز
ي	ت	ج	س	ر	ذ	ج	ق	ا	ي	ج	ق	ت	س	خ	إ
ط	ا	آ	ل	س	ا	ؤ	ص	و	ر	ح	ي	ى	و	ي	ئ
ة	خ	ن	ذ	ه	غ	ى	ؤ	ي	ط	ل	س	ط	ت	ط	ط
ي	ف	ت	غ	ت	ز	ر	غ	ح	ل	ا	ش	ض	س	غ	ض
ذ	ف	ف	ش	ف	ش	ا	ى	ل	إ	ئ	م	ب	ى	ئ	ز
ح	و	ي	ئ	ب	ض	ك	ت	ا	د	ي	ى	د	ئ	ج	ف
أ	ث	ح	ز	ث	ث	ق	ي	ل	ب	ج	ن	ص	ى	ؤ	ع

طقس
جبل
طبيعة
اتجاه
الحدائق
الحجارة
تحضير
بري
شمس
قمة

الحيوانات
أحذية
تخييم
خريطة
مناخ
المخاطر
ماء
جرف
متعب
ثقيل

56 - Art

م	ذ	إ	ص	آ	ض	ي	إ	ا	ط	آ	ة	ا	آ	ف	ا
ة	ز	م	ر	ع	ش	ش	ى	ل	ص	ا	د	ق	م	ؤ	ل
س	ت	ا	م	ب	ر	ب	ش	ن	ي	و	ك	ت	و	د	ت
س	أ	ص	ج	ب	س	ي	ط	ح	ص	د	ؤ	ا	ض	ث	ع
ذ	و	ص	ض	ج	و	ف	و	ت	خ	ب	ر	ح	و	ج	ب
ي	ح	ب	ل	ك	ش	ل	ا	ص	ش	ل	ت	و	ع	م	ي
و	و	ت	ز	ي	ر	ص	ب	ص	ت	إ	ر	ل	ة	ى	ر
ب	ح	ث	ق	م	ل	ص	ى	س	ش	ح	خ	ص	ط	ظ	ق
غ	غ	م	ح	ا	ؤ	ص	ظ	ث	د	ث	ؤ	ث	ل	م	ر
إ	ر	ش	ظ	ر	ت	ل	د	خ	ش	ز	ي	ض	ك	آ	ى
ؤ	ع	ذ	ة	ي	ل	ا	ي	ر	س	ل	ا	ج	ع	ئ	غ
ش	ؤ	ك	غ	س	س	ح	ب	س	ة	غ	ز	غ	ص	ذ	ق
م	ذ	ا	ي	ك	خ	ط	ة	ب	ر	ظ	د	ن	ز	ا	ب
و	ة	م	ح	م	ح	د	ث	ط	ب	ع	و	س	ب	ث	س
م	ق	ح	ى	ة	ر	م	س	إ	ي	آ	ف	ب	ظ	ع	م
ع	ا	ة	ا	ي	ق	خ	ض	ل	ز	ط	إ	م	ر	ك	ب

سيراميك
مركب
تكوين
تصوير
التعبير
الشكل
صادق
مزاج
ربما
أصلي

لوحات
شخصي
شعر
النحت
بسيط
موضوع
السريالية
رمز
بصري

57 - Nutrition

م	ظ	ذ	ز	إ	خ	ط	ة	ة	ط	ج	خ	ص	ح	خ	ث
ص	ب	ق	ن	ت	س	و	ا	ئ	ل	ر	و	ئ	ص	ك	ع
م	ل	ن	ز	ا	و	ت	م	س	ب	و	ئ	د	ى	آ	ة
ك	ك	ص	و	ر	م	د	ا	ز	ا	ق	ط	و	ة	ز	إ
ي	أ	ك	ة	د	ة	ظ	ن	ق	و	ح	ى	ظ	ي	ى	ن
خ	ل	ت	ه	ي	ئ	ج	ت	ت	ت	ا	و	غ	م	ت	ك
إ	ل	م	ك	ه	ه	س	ا	خ	ش	ظ	ش	ص	ح	م	ك
ب	ح	و	ن	و	م	ش	ث	ط	ع	ك	خ	ح	ض	غ	ض
ن	ل	إ	ص	ب	ق	ج	ح	ط	ف	ش	ن	ي	ب	ؤ	غ
ة	ا	ق	ر	ر	ي	م	خ	ت	إ	ز	ل	ا	ث	ئ	س
ب	ص	د	ك	ك	ت	ظ	ش	ع	ع	س	ؤ	د	غ	ظ	ف
ش	ة	ح	ص	ل	ا	غ	ص	غ	ؤ	ذ	ي	ك	ى	ث	ع
ه	ض	م	ت	ا	ن	ي	ت	و	ر	ب	ل	ا	م	ج	خ
ب	ظ	ك	ب	ن	و	ف	ق	ض	إ	خ	د	ا	ج	س	س
ذ	ل	ى	ج	ط	ك	ح	ز	ؤ	ة	ف	ا	ع	ى	ب	و
ى	غ	ل	ن	ي	م	ا	ت	ي	ف	ر	آ	ب	ف	ض	غ

مر
شهية
صالح للأكل
حمية
هضم
توابل
متوازن
تخمير
الكربوهيدرات
مكونات

سوائل
وزن
البروتينات
جودة
صحي
الصحة
صلصة
نكهة
سم
فيتامين

58 - Créativité

ذ	ز	آ	ق	ف	ج	ذ	ط	ا	ن	ط	ب	ا	ع	خ	ص
ل	خ	س	ض	ا	غ	آ	د	ع	أ	ص	ا	ل	ة	خ	ح
خ	ئ	خ	ى	ؤ	ر	ل	ا	ق	غ	ل	ح	إ	ة	د	ش
غ	ة	ر	ؤ	ن	و	و	ئ	ؤ	ع	ل	ي	ل	ر	ة	ش
ى	ح	ل	ة	ط	ا	ف	ر	و	ذ	ت	و	ه	ا	إ	ذ
ع	ش	آ	ذ	ذ	ن	ج	ا	ى	س	ل	ي	ا	ه	ت	ن
ش	ب	و	ع	ي	س	ط	غ	ش	د	ة	ة	م	م	ؤ	ز
ش	ل	ف	ك	ش	ف	ب	ا	ق	ر	ي	ب	ع	ت	ل	ا
ل	م	ة	ج	ح	ث	ط	إ	ح	س	ا	س	د	ح	ل	ا
إ	ب	ت	ح	و	و	م	و	غ	ب	ش	ل	غ	ت	ق	و
ص	د	د	خ	ض	آ	إ	ز	ئ	آ	ر	غ	ذ	ت	ق	ن
م	ع	ة	ر	و	ص	ث	ع	ة	ؤ	ل	خ	ك	ج	إ	ظ
ف	ح	ر	ج	خ	إ	ث	ئ	ر	ى	ة	ة	ي	و	ف	ع
ت	ج	س	ي	و	ل	ة	م	خ	ظ	ح	ز	ش	ا	ى	ة
د	ر	ا	م	ا	ت	ي	ك	ي	خ	ط	ك	ئ	ذ	خ	ع
ا	ل	أ	ف	ك	ا	ر	ع	ر	ش	ك	ف	ض	ق	ت	ث

خيال
انطباع
الإلهام
شدة
الحدس
مبدع
إحساس
عفوية
الرؤى
حيوية

فني
أصالة
وضوح
مهارة
دراماتيكي
التعبير
العواطف
سيولة
الأفكار
صورة

59 - Science Fiction

ك	و	ك	ب	ع	ش	س	ي	ع	ق	ا	و	ث	ز	ا	م
و	ؤ	خ	ع	آ	ف	ر	ث	و	ف	ل	د	ف	ع	ل	ش
ح	غ	ظ	ئ	آ	آ	ي	ئ	ؤ	ي	ر	ذ	ز	ص	س	ع
ر	ث	س	ف	م	ة	ق	ة	ر	م	و	ط	ع	ك	ذ	ر
و	ف	آ	آ	ي	ى	ف	ث	م	ه	ب	ر	ت	ض	ب	ا
ف	ت	ن	ظ	ى	إ	ت	د	ج	و	و	ى	ى	م	خ	خ
ا	ن	ف	ج	ا	ر	ا	إ	إ	ق	ت	ى	ت	ا	ر	آ
ب	ف	إ	ؤ	ث	ش	ص	ي	ج	ت	ا	د	ظ	غ	ي	إ
س	ر	ج	ر	و	ة	ي	ل	ب	ق	ت	س	م	ق	ل	و
ا	ل	ك	ت	ب	و	ح	ف	ؤ	ؤ	ت	ش	ح	ن	ص	ز
م	م	ت	ب	ج	س	و	ي	ر	ا	ن	ي	س	ل	ا	ض
ا	ط	خ	ع	ة	ي	م	ل	ا	ع	ل	ا	ض	غ	ز	ر
ن	ث	ك	ي	ز	ن	آ	ت	ص	ع	ئ	غ	ب	س	آ	و
و	ه	م	د	إ	م	ة	و	ى	ش	إ	ا	ر	ث	ف	ظ
ت	ق	ن	ي	ة	ا	ي	ب	و	ت	و	ي	ر	م	غ	ا
ي	ة	ف	ب	م	ذ	ج	ا	و	ث	ئ	ك	ث	ى	ة	ؤ

ذري
سينما
انفجار
متطرف
رائع
نار
مستقبلية
وهم
وهمي
الكتب

بعيد
العالمية
غامض
وحي
كوكب
واقعي
الروبوتات
السيناريو
تقنية
يوتوبيا

60 - Professions #1

غ	ج	ت	ج	آ	ي	خ	س	ع	ة	ى	س	و	ي	خ	ب
ل	ث	آ	ى	ن	س	ك	ب	ف	ل	ر	غ	ش	إ	آ	ن
ث	ة	م	ت	ة	ص	ق	ا	ر	ح	م	ئ	ط	غ	ظ	ت
إ	ى	خ	ف	ظ	ح	ب	ك	ث	خ	ن	ا	ن	ف	ؤ	ر
ا	ة	آ	ت	و	ص	ي	ا	د	و	م	ص	ل	ش	إ	ق
ل	ط	ذ	ى	ي	ل	ب	ر	د	م	ى	ئ	ر	ن	ف	ط
ج	د	غ	خ	ظ	ى	ط	ث	ج	ة	خ	ص	ي	ز	ف	ك
ي	ظ	ف	ر	ج	ا	ل	ا	ل	ا	ط	ف	ا	ء	ق	س
و	ظ	د	ل	ب	د	ط	ش	ذ	د	ث	ث	ي	ي	ط	ع
ل	ر	ط	ؤ	ك	ط	ب	ي	ب	ب	ي	ط	ر	ي	س	ف
و	ب	و	ن	ا	ي	ب	ل	ا	ف	ز	ا	ع	إ	ذ	ز
ج	غ	ث	م	ك	ق	ئ	ى	م	ص	ر	ف	ي	ت	ض	م
ي	ا	ؤ	م	ل	ص	ك	ت	س	م	ح	ا	م	ي	ظ	ي
ش	ج	ي	ر	ح	ا	ش	ذ	ف	ة	ة	ا	ؤ	ل	ر	ئ
ز	ف	د	ض	ط	م	ع	إ	ي	م	ح	ر	ر	ة	ع	ة
ن	س	غ	ى	آ	ط	ئ	ا	ر	خ	م	ا	س	ر	ط	ل

سفير
فنان
فلكي
محامي
مصرفي
صائغ
رسام خرائط
صياد
راقصة
مدرب

محرر
جيولوجي
ممرض
طبيب
عازف البيانو
سباك
رجال الاطفاء
علم النفس
عالم
طبيب بيطري

61 - Géologie

ش	ى	ق	ف	غ	ظ	ف	ش	ش	ت	ح	ث	آ	ذ	ل	ا
ج	ك	ش	ة	ض	ة	ة	ل	ى	ش	ف	ط	ة	ك	ط	ل
غ	ت	ث	ق	ن	غ	ث	ن	ظ	ح	ر	ج	ح	ن	ن	ص
ة	ا	ج	ط	ل	ش	ن	ر	ت	ذ	ي	ب	ب	د	ط	و
ط	ي	إ	ن	ى	إ	ع	ا	إ	ب	ة	ف	و	ا	ط	ا
ت	ؤ	ب	م	ن	ا	ك	ر	ب	إ	ل	ي	ط	ع	ب	ع
ت	ت	ئ	م	ت	آ	ك	ل	ق	ر	س	و	ق	م	ق	د
ذ	س	ظ	ح	ل	م	ف	ف	آ	غ	آ	ث	ر	ل	ة	آ
و	س	خ	ل	و	ع	ش	ف	و	ا	ج	إ	د	ا	ث	ق
ج	ر	ح	ا	م	ى	آ	ه	إ	ج	ط	ؤ	ف	ق	ت	ن
و	ث	م	خ	ن	ا	ل	ك	ل	س	ي	و	م	ا	ئ	ه
ب	ذ	ض	ا	ل	م	ر	ج	ا	ن	خ	ا	ة	ر	ف	ض
ط	ز	ح	ث	خ	ف	ش	ظ	ع	ن	ص	ي	ف	ة	ب	ب
ى	ذ	ص	ؤ	ى	ع	خ	خ	ق	إ	ي	ط	ح	ث	ص	ة
ظ	إ	و	ف	ي	ج	ت	ر	ت	ذ	و	غ	م	ز	ز	ب
د	ك	ب	ئ	ؤ	ل	ح	ا	ا	ط	آ	ض	ق	و	ش	إ

حمض
الكلسيوم
كهف
قارة
المرجان
طبقة
بلورات
تآكل
مولتن
حفرية

سخان
الحمم
المعادن
حجر
هضبة
مرو
ملح
الصواعد
بركان
منطقة

62 - Jardin

ك	ك	ث	ج	ر	ى	ا	ض	أ	ق	ى	ك	ك	م	س	ز
ة	ر	ه	ز	ث	س	ق	ت	ش	ؤ	ي	ي	ر	إ	ت	ا
ح	ا	ق	ض	خ	ف	ط	آ	ع	ج	س	إ	م	ا	غ	ص
و	ج	ف	ش	ج	ر	ة	ض	ل	آ	ض	ا	ة	غ	ئ	خ
ج	ل	ن	ي	ل	و	ب	م	ا	ر	ت	ل	ا	د	م	ف
ر	م	خ	ق	غ	ا	ر	ب	ل	ة	ز	ر	ئ	ل	ك	ث
أ	ذ	ئ	ص	ز	ن	ت	ل	ن	ا	ت	س	ب	ص	ب	ر
م	ك	خ	إ	ت	س	س	خ	ا	ى	ئ	آ	ش	ة	ظ	ش
آ	ك	ن	ص	ل	ص	ق	ي	ر	ا	ك	ع	ع	ص	ش	ف
ح	آ	ف	ظ	ل	ت	ؤ	غ	ا	م	و	ط	ر	خ	ض	آ
د	ع	ق	م	ض	ك	ت	د	ط	ج	ص	ط	ق	ى	ح	ظ
ي	ش	إ	ئ	ؤ	إ	م	ب	ى	ى	ي	ط	ل	غ	ى	ئ
ق	ظ	و	ض	ع	ر	و	ا	ق	ض	ا	ص	ب	ؤ	ؤ	ي
ة	ك	ر	ب	ا	ش	ع	أ	ل	ا	ي	ن	غ	ة	س	ف
ض	ل	ف	و	ك	ي	ك	ط	ع	خ	ر	و	ج	خ	ث	س
ك	ز	ظ	ذ	ز	ة	ك	م	ح	ع	ع	م	ج	ر	ف	ة

شجرة
مقعد
بوش
سياج
بركة
زهرة
كراج
أرجوحة
عشب
حديقة

الأعشاب
مجرفة
رواق
أشعل النار
تربة
مصطبة
الترامبولين
خرطوم
بستان
كرمة

63 - Santé et Bien Être #1

ئ	ن	ع	ع	ن	ش	ط	د	ث	ح	ة	ئ	ج	و	ع	ا
ج	ر	ي	ل	ص	ش	ب	و	ح	ن	ن	ط	ل	ظ	ظ	ر
ت	إ	ا	ؤ	ا	د	ي	ا	ب	ك	ت	ي	ر	ي	ا	ت
ث	ؤ	د	ا	ط	ف	ب	ء	ث	ا	ر	ة	س	غ	م	ف
ب	ق	ة	ج	ف	ى	ف	ض	ل	ن	ذ	ئ	ك	ى	ج	ا
ق	ا	ل	د	ص	د	ظ	ض	ش	ف	ق	و	م	ل	ا	ع
ص	د	خ	ي	م	غ	ع	د	ؤ	ج	ش	خ	ؤ	ظ	ل	و
ي	و	خ	ئ	ا	د	ق	ف	ب	ش	ي	ف	ز	ذ	ع	ع
ك	آ	ش	آ	و	ن	ي	د	ظ	ئ	ظ	خ	م	م	ل	ض
ؤ	ة	ي	ل	د	ي	ص	ؤ	آ	ت	ذ	ا	ي	ا	ا	ع
ة	ب	ا	ص	إ	ش	ؤ	ي	ى	ذ	ظ	ق	ج	ز	ب	ا
ع	ص	س	ك	ع	ن	م	ل	ش	ص	ز	إ	س	ر	ى	د
ط	ك	و	ف	ش	ل	ت	ا	ن	و	م	ر	ه	ل	ا	ة
آ	ن	ر	ذ	ى	و	ا	ق	ج	ش	آ	ن	ز	ض	ح	ك
د	ق	ي	غ	د	ش	ئ	ف	ن	ع	ع	و	آ	ر	ز	ظ
ة	ض	ف	ا	غ	آ	ا	ؤ	إ	ت	ص	ح	ل	ج	ل	ئ

نشط
بكتيريا
إصابة
عيادة
جوع
كسر
عادة
ارتفاع
الهرمونات
طبيب

دواء
عضلات
عظام
جلد
صيدلية
الموقف
منعكس
علاج
العلاج
فيروس

64 - Barbecues

ط	غ	د	ا	ء	خ	ى	ض	ؤ	و	د	ق	خ	و	ك	غ
ذ	ذ	ر	ا	ح	ع	س	ج	ل	و	ق	ش	ض	و	ة	ؤ
ض	ض	ش	ي	ت	د	ز	ص	ذ	ر	ظ	ر	ر	ذ	ق	م
ئ	ع	ف	د	ا	إ	ة	م	ط	ك	ت	و	و	ث	ظ	ث
ص	و	ذ	ظ	ك	ط	ي	ؤ	ج	أ	ل	ع	ا	ب	ئ	ت
ئ	ج	م	د	ظ	م	ا	ل	س	ل	ط	ا	ت	ز	ج	ى
و	د	ز	ق	ض	ا	و	ض	ص	ؤ	ك	خ	ص	س	ل	ث
ط	ج	ف	ب	و	ط	ش	ع	ج	ة	ة	ب	ظ	ج	س	ى
م	ا	ت	ش	ع	م	ة	ر	ر	ف	غ	ئ	ع	ي	ض	ق
ن	ج	ة	ث	ف	ر	ى	س	ص	ط	و	ط	آ	ث	ف	ح
ظ	ة	ف	آ	ئ	ط	ف	ز	آ	ت	م	ش	ت	ظ	و	ف
د	أ	س	ر	ة	ص	ل	ص	ض	ل	ت	ة	ه	ك	ا	ف
و	س	غ	ج	ق	ف	ف	ق	ح	ص	س	ك	ا	ك	ي	ن
ا	ل	أ	ط	ف	ا	ل	ث	د	ب	ي	ي	ر	ص	آ	ن
ى	ق	ي	س	و	م	ف	ر	ا	ط	ظ	غ	آ	ط	ح	غ
ى	ع	ة	ل	ق	ؤ	س	ث	ب	ث	ؤ	ج	ر	ض	ك	ش

ألعاب
خضروات
موسيقى
بصل
فلفل
دجاج
السلطات
صلصة
ملح
طماطم

حار
سكاكين
غداء
عشاء
الأطفال
صيف
جوع
أسرة
فاكهة
شواية

65 - Forêt Tropicale

ج	د	ك	س	ح	ث	ذ	إ	ؤ	س	ب	خ	ا	ن	م	م
إ	ع	م	ل	ل	ض	ظ	و	و	خ	ذ	ن	ل	ش	ة	ل
ف	آ	ح	س	ظ	ب	ر	ظ	ق	ك	م	ؤ	غ	ي	ن	ج
ع	إ	د	د	و	ا	ف	ر	و	ي	ط	ل	ا	م	ز	أ
ا	ل	ب	ر	م	ا	ئ	ي	ا	ت	م	خ	ب	ا	ل	م
و	ا	ل	ح	ا	ط	ف	ل	خ	إ	ذ	ة	ة	ظ	ت	ة
ن	س	ح	ت	ر	و	ث	ص	ز	ا	ك	ا	ع	ن	ح	ن
أ	ت	ط	ي	ت	ت	غ	أ	ق	ل	ل	ج	ق	ي	ت	ف
ل	ع	ظ	ف	ح	ت	ن	و	ع	ح	آ	ن	ص	ي	ب	ك
ا	ا	غ	ئ	ا	ذ	د	ي	ئ	ش	ى	ر	ة	ص	د	ط
ت	د	ة	س	ط	غ	ع	ي	و	ر	إ	ص	ل	ا	ط	ت
س	ة	و	ح	ظ	إ	ى	ى	م	ا	د	ب	ر	د	ق	ض
ر	ش	ذ	ا	ش	ى	ق	ذ	غ	ت	ع	ذ	م	ئ	ب	ط
ف	ك	ئ	ب	ن	ب	ا	ت	ي	م	ة	ة	و	آ	ك	ض
ش	ق	ة	ي	ى	ك	ز	ة	ف	غ	ث	ة	ت	ق	ل	و
ا	ل	ث	د	ي	ي	ا	ت	ل	د	إ	ظ	غ	ي	ر	ظ

البرمائيات
نباتي
مناخ
ملة
تنوع
الأنواع
أصلي
الحشرات
الغابة
الثدييات

طحلب
طبيعة
سحاب
الطيور
ذو قيمة
حفظ
ملجأ
احترام
استعادة
نجاة

66 - Insectes

ت	ث	ش	ف	ا	ت	ب	د	ن	ج	ك	ع	ك	ض	ا	د
ر	و	ب	د	ل	ا	ع	ي	ح	خ	ؤ	ر	ظ	و	ل	س
ز	غ	ر	ش	ي	خ	و	ط	ي	ص	ن	ص	ث	ع	ز	ض
أ	ر	ض	ة	ع	و	ض	ش	ى	ق	ر	ف	ش	ب	ي	ئ
ح	ب	خ	ل	س	د	ة	د	و	د	ش	ص	س	ل	ز	ف
ف	ط	ع	م	و	ب	س	ى	م	ظ	خ	ص	و	ا	ب	ر
ؤ	ر	ى	ن	ب	و	ع	س	ض	ر	و	ن	ز	ر	ء	ا
ج	د	س	ث	ذ	ر	ؤ	ل	ي	ة	ط	ك	خ	د	ئ	ش
ث	خ	ذ	ا	ز	ج	ر	ا	د	ة	ل	ى	ز	ت	خ	ة
ن	غ	ب	و	ل	ث	ف	خ	خ	ة	ذ	ش	س	ة	ج	م
ح	ذ	ي	ؤ	ب	ن	م	ل	ا	ذ	ة	ف	ت	ش	خ	ر
ئ	ب	ش	و	ئ	ط	ب	ع	ص	ت	خ	خ	س	ي	ظ	د
إ	إ	ر	ق	ز	م	د	ي	ك	ن	ح	ل	ة	ر	ظ	ع
ؤ	د	ع	ر	ر	ا	ل	خ	ن	ف	س	ا	ء	ق	ق	د
ب	غ	ظ	ق	ع	ع	ط	ف	ر	ش	ز	ا	خ	ة	ة	غ
ظ	ط	ض	ج	ظ	ج	ذ	إ	إ	م	ج	س	ض	ف	ع	ي

نحلة
صرصور
الزيز
الخنفساء
جرادة
نملة
الدبور
دبور
يرقة
اليعسوب

فرس النبي
بعوضة
البعوض
فراشة
برغوث
المن
جندب
خنفساء
أرضة
دودة

67 - Ferme #1

ل	ق	ح	ح	ئ	و	ظ	ذ	آ	ذ	ص	ط	ص	د	ز	ب
ج	ء	م	ئ	ب	ش	ي	خ	س	ح	ت	ص	إ	ق	غ	ح
ع	ج	ا	ج	د	و	آ	ز	ط	ئ	و	ش	ئ	خ	ص	ق
غ	ك	ر	م	ا	ز	ش	ت	ا	آ	ب	و	ا	ق	ئ	ن
ع	ئ	و	ك	م	آ	س	ظ	ؤ	ز	م	ق	ل	ؤ	ي	ن
ج	س	ث	ث	س	ي	ض	ع	ع	م	ا	ع	ز	ر	أ	ت
ة	ي	ل	ك	ق	و	ز	ف	ي	ن	ر	آ	ث	ش	ف	م
ي	ا	ا	م	ط	ك	ى	ب	ط	ط	ط	ع	م	ف	و	خ
د	ج	ط	إ	م	إ	ش	ا	ق	ح	ز	س	ئ	ص	م	ث
ة	ر	ش	ط	ز	و	س	ر	س	ر	ص	ل	ث	ق	خ	ت
ز	ر	ا	ع	ة	ا	ب	غ	ى	د	ة	ا	ج	ج	ط	ة
ف	س	د	ش	ك	ح	ش	ا	ح	ج	ل	ا	ن	ب	ش	ر
ب	ض	س	ظ	ث	ص	ئ	ذ	ؤ	ذ	ح	ف	ب	ل	ك	ى
ث	و	آ	ع	ع	ش	ح	ب	ع	ط	ن	إ	ت	ى	ب	إ
ب	ق	خ	ت	ل	ب	ا	ج	ن	ت	ى	ث	ض	و	ظ	س
غ	غ	ذ	ك	س	ق	ت	ذ	خ	ش	م	ص	ث	د	إ	ك

نحلة
زراعة
حمار
الثور
حقل
قط
حصان
ماعز
كلب
سياج

غراب
ماء
سماد
تبن
عسل
دجاج
أرز
قطيع
بقرة
عجل

68 - Antarctique

ش	آ	ا	ل	ش	ك	م	ط	ب	و	غ	ر	ا	ف	ي	ا
ب	غ	ز	ة	ع	ش	د	ص	ص	ر	ز	ج	ل	ا	ع	ل
ه	ك	غ	آ	ذ	ح	ظ	خ	د	ع	ظ	ي	ي	ف	ش	م
ج	ة	ج	ف	ك	ز	ر	ق	ذ	م	ض	ل	س	ى	ا	ع
ز	ط	ص	ة	ج	ي	ة	آ	ج	م	ح	خ	ت	ط	س	ا
ي	ب	ظ	ع	و	ا	ئ	ظ	ق	ء	ك	ث	ط	ن	ز	د
ر	ت	ى	م	ذ	ؤ	ب	إ	ا	ا	ل	ح	ي	ت	ا	ن
ة	ن	ا	ط	ع	ل	د	ر	ر	م	ب	ع	ة	ئ	ث	س
ئ	و	ئ	ب	غ	م	ب	ر	ة	ع	د	ر	ث	ث	ح	ش
ي	خ	إ	و	ق	ع	م	آ	آ	ة	و	و	ع	ا	ا	ك
ب	ع	ة	ر	ج	ه	غ	ج	ل	ي	د	د	ب	ج	ب	ق
ب	ا	غ	ذ	ظ	ى	س	ة	ط	ف	ي	م	ل	ع	و	و
إ	ي	س	م	ف	و	ط	ل	ع	ا	ى	ع	ا	ن	ق	ج
ة	ر	ا	ر	ح	ل	ا	ة	ج	ر	د	خ	ذ	م	ق	ة
ض	ذ	ا	ش	ل	ب	إ	ث	ظ	غ	ن	ط	و	ث	خ	د
د	آ	س	ئ	ا	ا	ح	و	ض	ج	ك	ؤ	م	ر	ع	ض

الجزر
هجرة
المعادن
سحاب
الطيور
شبه جزيرة
صخري
علمي
درجة الحرارة
طبوغرافيا

خليج
الحيتان
باحث
الحفظ
قارة
ماء
بيئة
البعثة
جغرافية
جليد

69 - Professions #2

م	ح	ق	ق	ج	ث	ص	ة	ط	ي	ح	ن	م	ز	ث	ح
ث	ى	ت	ح	س	ر	د	م	ب	غ	ؤ	ر	خ	ط	ر	ب
ع	ى	ل	ج	خ	ا	ا	ى	ي	ر	ئ	س	ت	د	ا	ا
م	ه	ن	د	س	ي	ص	ح	ب	ئ	ل	خ	ر	ع	ئ	ع
ظ	ع	ح	آ	ي	ط	م	ى	أ	ف	ا	غ	ع	ز	د	ا
ر	ف	خ	ث	ذ	ف	ط	آ	س	ق	خ	ي	و	ط	ف	ل
ذ	م	ك	ص	ب	ا	ح	ث	ن	ت	ز	ن	ح	ي	ض	م
ة	ث	ة	ح	س	ذ	ئ	إ	ا	و	ص	ا	ز	أ	ا	ا
ذ	ح	ض	ف	ي	ض	ة	ز	ن	أ	س	ت	ا	ذ	ء	ل
ئ	آ	ب	ي	ب	ط	ق	ن	خ	ة	د	س	ق	س	غ	ح
أ	م	ي	ن	ا	ل	م	ك	ت	ب	ة	ب	ز	ا	ؤ	ي
ا	ل	م	ص	و	ر	غ	ن	م	غ	ع	ق	ر	ذ	د	و
ة	ر	س	ر	س	س	ذ	ط	م	ل	د	س	د	ب	ج	ا
ز	د	م	خ	ط	ز	ا	و	ب	و	ب	ئ	ط	خ	ة	ن
د	ه	ا	ن	د	ز	د	ف	ل	ش	ك	ذ	ت	آ	و	ق
ف	ي	ل	س	و	ف	ص	آ	ب	ف	ي	ص	ك	ص	ط	ي

رائد فضاء
أمين المكتبة
أحيائي
باحث
جراح
طبيب أسنان
محقق
مدرس
المصور
مهندس
مخترع
بستاني
صحفي
لغوي
طبيب
دهان
فيلسوف
طيار
أستاذ
عالم الحيوان

70 - Les Abeilles

خ	و	ض	و	ط	م	ق	ص	ؤ	ض	و	خ	ن	ا	خ	د
ف	ل	أ	م	ى	ف	ل	ث	ش	ع	ب	ف	و	ل	ئ	ك
ح	ك	ي	ج	ن	ي	ع	ع	ا	س	ة	ة	آ	ن	آ	ث
ؤ	ك	ب	ة	ن	د	ر	م	ئ	إ	آ	آ	د	ظ	ع	ض
ص	ز	ذ	ع	ل	ح	ا	ق	ل	ع	س	ل	ة	ا	ز	ط
ت	ا	ت	ا	ب	ن	ة	ك	ل	م	ل	ئ	و	م	ل	ا
ن	إ	ز	ت	ك	ت	ط	ض	ض	ج	ح	ح	ن	ا	ك	ح
و	ز	ه	ت	ك	ف	ص	ي	ح	ك	ئ	د	ؤ	ل	ع	ض
ع	آ	ر	و	ه	ز	ل	ا	ت	ط	ف	ي	ف	ب	آ	ل
ن	ج	ض	إ	و	ن	د	ز	ر	ض	ي	ق	ب	ي	إ	آ
م	ب	ف	ئ	س	ط	ط	ف	ج	ح	ط	ة	ب	ئ	و	خ
ش	م	ع	آ	ئ	ب	ق	ق	ج	س	ة	ه	ق	ي	م	ض
ز	ى	ا	إ	ى	ة	و	ك	ش	م	س	ك	م	ة	إ	ئ
ع	ث	ع	ع	س	ر	ب	ؤ	ث	ي	ئ	ا	ى	س	ؤ	ا
ر	ف	ف	و	ط	ش	ف	ذ	خ	م	ص	ف	ب	خ	ش	ض
م	ت	ي	ف	ش	ح	ؤ	ظ	آ	ئ	ص	ق	ظ	ش	ة	ب

الموئل
حشرة
حديقة
عسل
طعام
نباتات
لقاح
ملكة
خلية
شمس

أجنحة
مفيد
شمع
تنوع
سرب
النظام البيئي
زهر
الزهور
فاكهة
دخان

71 - Santé et Bien Être #2

ع	ت	ا	ئ	ح	ظ	ق	ز	ج	م	ك	ا	ف	ن	ت	ف
د	ت	ج	ل	ي	ر	ك	ث	ث	آ	ا	س	ز	ت	ب	ح
و	د	ا	ف	ت	ح	ن	ى	ة	ي	س	ا	س	ح	ك	م
ى	ل	د	ل	ا	ع	ض	و	ي	ح	ح	ي	ر	ش	ت	إ
ض	ي	ت	ن	ث	ف	ا	ة	ه	ص	م	ت	غ	ذ	ي	ة
ز	ك	ا	آ	س	ق	ة	ف	ش	ف	ي	ض	ح	و	ص	غ
ؤ	و	ح	ذ	ص	خ	ى	ا	ي	ث	ة	ا	ز	م	ى	ض
ث	غ	ف	و	ز	س	ر	ظ	ث	ت	ث	ث	ق	ل	و	خ
ئ	ذ	د	و	ح	ا	ع	ن	و	و	ا	م	ك	ظ	س	ج
خ	خ	ذ	ن	ض	آ	و	ل	ب	إ	ر	ر	ن	م	ط	ت
ا	ث	غ	ث	إ	ص	ط	ا	ق	ة	و	ض	ض	د	م	ذ
ن	ز	ا	ب	ة	ظ	ظ	ف	خ	ش	ل	ئ	ئ	غ	ئ	ؤ
م	و	ر	ث	ع	ح	ن	ع	ؤ	ئ	ا	ز	ك	م	ط	ن
و	ز	ن	ي	م	ا	ت	ي	ف	ج	م	ى	ؤ	ب	ص	ئ
غ	ظ	ط	ي	ق	آ	ش	ح	ص	ظ	ل	ف	د	ر	ل	ض
م	س	ت	ش	ف	ى	ي	ل	ن	ر	ع	ط	ئ	ص	د	ل

حساسية
تشريح
شهية
جثة
تجفاف
حمية
طاقة
علم الوراثة
مستشفى
النظافة

عدوى
مرض
تدليك
تغذية
وزن
التعافي
صحي
دم
ضغط
فيتامين

72 - Conduite

ب	ي	ة	ي	ط	ع	ص	ث	ئ	إ	ج	ل	ط	ة	ق	ب
ؤ	ت	خ	ط	ر	ض	ؤ	ر	ش	ن	ة	ي	م	ب	إ	ئ
ل	ب	ر	ض	ي	ك	ش	س	ر	ر	و	إ	ي	ف	ج	ى
ؤ	ظ	غ	ج	ق	ر	ج	ع	ط	ي	ة	ث	س	ر	ى	إ
ن	ب	ؤ	ظ	س	ي	ا	ر	ة	ح	ا	د	ث	ا	ر	غ
ط	ؤ	ظ	ك	ة	ن	آ	ظ	ط	ي	ش	أ	ز	م	و	ث
د	ر	ا	ج	ة	ن	ا	ر	ي	ة	م	ظ	ش	ل	ر	خ
و	ق	ف	ا	ة	ع	ك	و	ر	ن	ل	ف	إ	ن	م	ع
ق	ى	ط	ر	ف	ش	ز	ق	خ	ح	ا	ل	ن	ق	ل	غ
و	ل	ض	ك	آ	ى	ق	ق	ط	ا	ن	ك	د	ج	ا	س
ش	ت	ة	ئ	ؤ	ن	ح	ذ	و	ش	م	ة	ئ	ز	ة	ف
ل	ظ	ق	ل	ى	ف	غ	د	ذ	آ	م	م	ح	ر	ك	ص
ع	ل	ز	و	ج	ق	س	ل	س	ة	ص	ض	ك	غ	ر	ق
ة	ت	ؤ	ا	ق	ر	ع	ظ	ز	ل	آ	ز	ة	ي	ح	ؤ
ف	م	ي	ظ	ع	إ	ت	ك	ي	ق	ر	ظ	ك	آ	ف	إ
ر	خ	ص	ة	و	ط	ر	ئ	ا	ف	آ	ق	ظ	ي	ق	ص

دراجة نارية
المشاة
شرطة
طريق
أمن
حركة المرور
النقل
نفق
سرعة
سيارة

حادث
شاحنة
وقود
خريطة
خطر
فرامل
كراج
غاز
رخصة
محرك

73 - Plantes

خ	ش	ط	ئ	ذ	ش	ؤ	ب	ض	د	ا	م	س	ج	ي	ة
ئ	ن	ب	ت	ت	ك	ج	إ	ا	ة	ل	ب	ة	ذ	ب	ش
ص	خ	ت	ي	غ	ؤ	ث	ر	ظ	ط	ب	ا	ي	ر	د	ع
ك	غ	ع	ش	ب	آ	ا	ث	ة	ت	ت	ل	ت	ر	ا	ل
ذ	ؤ	ظ	ذ	ط	ط	ب	ل	ب	ن	ل	ب	ا	س	ي	م
م	ق	ذ	ض	ز	إ	ز	ذ	ا	م	ة	ل	ب	م	ل	ا
ن	ة	إ	ق	ى	ر	ل	ظ	غ	و	ض	ج	ن	ت	و	ل
ح	س	و	و	ف	ذ	ط	ب	خ	ض	س	إ	ل	ض	ص	ن
ث	و	ى	ف	ن	ى	ة	خ	ل	م	ذ	د	ا	آ	ا	ب
ب	ا	م	ب	و	د	إ	ح	ث	ح	د	ي	ق	ة	ف	ا
أ	و	ر	ا	ق	ا	ل	ش	ج	ر	ط	ك	ص	ي	ز	ت
ز	ه	ر	ة	ظ	ي	خ	ج	ئ	ط	ب	س	ث	ا	ظ	ج
ا	ذ	ب	و	ش	ا	ذ	ى	ا	ل	إ	م	ك	ظ	ب	ش
ج	ي	ح	ص	ف	ة	ق	ل	غ	آ	ة	د	ز	ك	ظ	ق
ت	ح	ت	ض	ئ	ض	غ	ث	ب	ث	ص	ت	ز	ش	ر	ف
ب	غ	ش	إ	م	ا	ك	د	ص	ب	ا	ر	س	ق	ق	ؤ

شجرة
بيري
بامبو
علم النبات
بوش
صبار
سماد
أوراق الشجر
زهرة
النباتية

غابة
تنمو
فاصوليا
عشب
حديقة
لبلاب
طحلب
البتلة
جذر
نبت

74 - Ferme #2

إ غ ز ر ح ط ح ش ج ح ؤ ش ع ش ظ ذ
ل ر ئ ن ع ك ش ر ب م غ ش ئ س خ ة
ق ف و ط ن س ا و ه ق ق ة ح ف ل ه
ف آ ش ب ق ر ب ئ ل ف ى ل ج ك ظ ك
ى ت ئ ط ة ذ ي ت ا ن ا و ي ح ل ا
ج ي ل ة ر ض ل ا م ا ر م ى ح ص ف
ض ف ب ة ي م ح و ض ت إ ر د ى ئ س
ح ل ل ف ظ ز ك ر ج س آ ج أ س ث ا
ق ئ ش ت ح ى ة ض م ب خ ر و ف ع ن
ك ؤ ؤ ن ب ي ؤ خ ج ض ا ن ز ج ط ص
ن ع آ ط ث ي ف ل ق آ خ ش ض ى ر ؤ
ص ض ض ع ع ر ي ا ئ آ ث ئ ي د ر ض
ذ د ص ا ك ل ط ذ غ ط ى ع ر ا ز م
ا ض ر م ص ا ظ ئ ئ ن د ي غ ش ى ك
ط ل ك ب ؤ ض آ ز ر ي ع ش ر ئ ص ض
ا ع س ص ق ل م ا ك ف خ و ز ش ش ص

الخضروات
حبوب ذرة
خروف
ناضج
طعام
أوز
شعير
مرج
جرار
بستان

مزارع
الحيوانات
الراعي
قمح
بطة
فاكهة
حظيرة
الري
حليب
لهب

75 - Vacances #2

ا	و	س	د	إ	ر	ا	م	ة	ب	إ	و	ج	ه	ة	ا
ل	ت	ذ	ث	ن	ت	ص	ح	ة	ح	ا	ل	ن	ق	ل	ل
ت	أ	ة	ن	ن	ر	خ	ت	ج	ر	خ	ر	ي	ط	ة	ت
ر	ذ	ج	ذ	ق	و	م	ي	إ	آ	د	ت	ج	ز	ر	ح
ف	ق	د	ن	ف	ض	ط	ج	ي	ج	ز	ي	ر	ة	ي	ف
ي	ل	إ	ث	ب	إ	ع	و	ك	م	ر	إ	غ	ح	ش	ظ
ه	ر	ح	ل	ة	ي	م	ا	ع	ل	ز	آ	د	ت	أ	ا
ج	ج	ا	ر	ض	ى	ز	ز	إ	ج	ج	ك	ئ	ت	ت	ت
ز	ت	ؤ	ق	س	ى	ج	س	ك	س	غ	ط	ة	ط	ج	ؤ
خ	د	ك	ص	خ	ؤ	ز	ف	ذ	ا	ل	خ	ر	ض	ش	ن
ط	م	ى	و	ذ	ص	ي	ر	ذ	ظ	ئ	ى	ي	ذ	ب	ي
ن	آ	ئ	ت	ا	ك	س	ي	ذ	ف	د	ذ	ز	م	ي	ا
ع	ط	ل	ة	ع	ح	ى	ر	ئ	ط	ئ	ت	ط	و	ة	س
ق	ص	ط	ى	ح	ز	ة	ق	ع	ذ	ط	د	ق	م	ا	ئ
ط	ع	ة	ب	ب	ز	ض	ش	م	ط	ا	ر	ظ	ا	ص	ص
ق	ط	ا	ر	ث	ن	ؤ	ة	ض	ط	ش	ا	ؤ	ع	ض	ذ

شاطئ
مطعم
التحفظات
تاكسي
خيمة
قطار
النقل
عطلة
تأشيرة
رحلة

مطار
تخييم
خريطة
وجهة
أجنبي
فندق
جزيرة
الترفيه
بحر
جواز سفر

76 - Éthique

ا	ت	ك	ر	ع	ى	ب	آ	ح	ك	م	ة	م	ا	ر	ك
ل	ع	ع	غ	ض	و	ي	م	ز	ؤ	إ	ب	ا	ث	ى	ك
ع	ض	ن	ا	ث	ب	ة	ي	ع	ق	ا	و	ل	ا	ث	ؤ
ق	د	آ	ت	و	ض	ق	ا	ف	ل	ف	ل	ن	ل	آ	ص
ل	ض	ب	ة	ؤ	ن	ف	ي	ل	ص	ل	ت	ز	ف	م	ب
ا	ب	و	ل	ت	ف	ا	ؤ	ل	ت	ب	م	ا	ر	ع	ر
ن	ئ	ظ	ط	و	ا	ل	ص	د	ق	س	ف	ه	د	ق	ا
ي	د	ب	ذ	ق	م	ر	ت	ح	م	ح	ا	ة	ي	و	ث
ة	ج	ؤ	ئ	ي	و	ا	ا	ل	ق	ي	م	م	ة	ل	ي
ف	ط	ل	ل	ا	ؤ	ج	س	ة	ز	ب	ح	إ	ح	إ	إ
س	ل	إ	ف	ذ	ك	ؤ	ط	ي	ك	ظ	ز	آ	ز	ب	م
ل	م	ئ	ت	ؤ	ج	س	ظ	ن	ة	ع	ط	ف	خ	ث	ا
ف	ط	ك	ة	ة	ظ	ى	ف	ا	و	ف	ق	آ	ؤ	س	آ
ؤ	غ	ض	د	ص	ث	س	ة	س	ق	ع	آ	ت	ؤ	و	ص
ن	ج	ذ	د	ج	ق	ز	د	ن	إ	ى	ف	و	ب	ل	ؤ
ز	آ	ة	ض	ظ	ؤ	ش	خ	إ	ج	ى	ب	س	ت	ش	و

تفاؤل
صبر
فلسفة
معقول
العقلانية
محترم
الواقعية
حكمة
التسامح
القيم

إيثار
عطف
تعاون
كرامة
دبلوماسي
اللطف
الصدق
إنسانية
الفردية
النزاهة

77 - Temps

ف	ئ	ن	ن	ض	س	ذ	س	م	ر	ف	غ	ش	ف	ص	ط
ق	ر	ن	ؤ	ة	ن	ا	س	ظ	ن	ج	س	آ	س	ى	ز
خ	ي	ة	ؤ	ع	و	ب	س	أ	ى	ن	ص	ك	ي	ر	ب
ب	ت	و	م	ا	ي	ب	ب	ث	ب	خ	ظ	إ	و	د	ز
ح	ي	ك	م	س	ى	ا	ئ	ذ	ؤ	س	ش	ة	ة	ض	ق
ق	ق	ز	ز	ا	ك	ة	ا	س	ا	ك	م	ح	ث	ف	ق
ب	ظ	إ	ؤ	ب	ل	ر	ش	ن	ص	ب	ا	ح	ب	ج	ح
ل	ي	ل	ل	ا	ب	ي	د	ة	ؤ	ب	د	ص	د	د	ب
ؤ	ا	ط	ة	ى	ق	ه	و	ئ	ق	ع	خ	ظ	و	ق	ع
ق	ر	ئ	ت	ث	ت	ظ	ج	م	ج	د	و	ث	ض	ى	د
إ	ر	ى	ن	أ	س	ل	ظ	س	آ	ق	ب	ؤ	ؤ	ش	ق
ة	س	ي	ج	م	ا	ا	ل	آ	ن	ع	خ	ز	ي	ف	ي
غ	س	ئ	ب	س	ي	ت	ظ	آ	ة	ل	ش	ل	ة	ل	ق
ى	ذ	ئ	ؤ	ا	و	ق	و	ج	أ	ا	خ	ط	ة	ا	ة
ش	ه	ر	م	ص	ق	و	ب	ط	ض	ر	آ	ض	ن	آ	ع
س	ق	آ	ح	ت	ت	ط	آ	ح	ى	ب	ظ	ة	ة	ن	ش

أمس
يوم
الآن
صباح
وقت الظهيرة
دقيقة
شهر
الليل
أسبوع
قرن

سنة
سنوي
بعد
اليوم
قبل
قريبا
تقويم
العقد
مستقبل
ساعة

78 - Maison

م	ل	و	ف	س	ت	ا	ئ	ر	ع	ح	ا	ب	ص	م	ب
م	د	ف	أ	ة	ف	ر	غ	خ	ل	ا	ض	ك	ا	د	ا
ب	ك	ق	ر	د	م	ش	م	ج	ب	ئ	إ	ر	ك	ش	ب
ث	ة	س	ص	ا	ة	ش	ي	ك	ه	ط	ع	ا	ح	و	غ
ة	س	ة	ق	ج	ؤ	ق	غ	ي	ن	ح	م	ج	س	ى	ط
ب	ش	ح	ب	س	د	ح	ظ	آ	ك	س	د	ة	ك	ت	ت
ض	آ	ص	و	ئ	ي	ؤ	س	ي	ا	ج	ة	ي	م	آ	ح
م	ف	ا	ت	ي	ح	ظ	غ	آ	و	ح	ذ	د	ق	ؤ	ت
ج	ش	ع	ئ	ث	آ	ذ	ز	ى	ز	ت	ف	ز	ش	ة	ج
ط	ع	د	ة	و	ح	و	د	ر	ز	ش	ا	ذ	غ	ر	ق
ؤ	ى	ص	خ	ر	إ	س	ب	ق	ش	ن	ن	غ	د	ي	ع
ا	ج	ف	خ	ع	ق	خ	ئ	ؤ	د	د	م	و	ف	ج	ش
ز	ق	ض	خ	ز	ج	ا	و	ؤ	ة	ى	ا	ع	و	و	ي
م	ر	آ	ة	ز	ؤ	ي	ل	د	ك	م	ك	ت	ب	ة	ث
ى	ة	ز	و	غ	ظ	ج	ث	ل	ج	ن	ئ	ز	ة	ش	ف
ر	ة	ة	ح	آ	ص	ط	خ	خ	ؤ	ف	آ	ض	ا	ر	ب

علبه
حديقة
مصباح
مرآة
حائط
باب
ستائر
قبو
سجادة
سقف

مكنسة
مكتبة
غرفة
مدفأة
مفاتيح
سياج
مطبخ
دش
نافذة
كراج

79 - Légumes

ك	ف	ي	ح	ر	ئ	د	ض	ة	ف	آ	ص	ن	ل	ب	ؤ
ا	ح	ت	ؤ	آ	ط	ع	ن	م	و	ث	ح	ث	ل	ض	ي
ل	ق	ي	و	ع	س	ئ	ب	ط	ش	ت	ن	ق	ئ	ط	ة
ا	ت	ض	ى	ئ	د	ذ	ر	ا	ر	ث	إ	ج	ع	ي	ت
ل	ح	م	ك	ة	ل	ز	و	م	خ	ي	ح	س	ز	ج	ة
ك	ش	ص	ت	م	ي	و	ك	ط	ج	ن	ك	ش	ل	آ	ن
ر	خ	ك	ح	ت	ف	ج	ل	ظ	ز	س	ن	و	د	ق	ب
ا	ي	ط	و	ف	ظ	ة	ي	ك	ر	ع	ف	خ	ف	ظ	ز
ث	ا	ن	م	ل	ن	د	ر	ق	ر	ز	ط	ن	ب	ز	ظ
ب	ر	ي	ئ	ص	ع	ف	ض	إ	ذ	ذ	ر	ا	ظ	ن	ص
س	ل	ط	ة	ب	س	ج	ئ	ئ	ا	ص	ز	ب	ز	ج	ذ
ت	م	ق	ل	إ	ا	ش	ف	ا	آ	ل	إ	س	ث	ب	ع
ذ	ص	ي	ن	ب	ا	ذ	ن	ج	ا	ن	ا	ة	إ	ي	غ
خ	ح	ؤ	خ	ل	س	ل	س	ء	ى	س	ى	ز	و	ل	م
ت	و	ش	ص	ة	ب	ض	ج	ث	خ	ت	ا	ع	ب	ث	ع
ك	ئ	ذ	ك	ى	ب	آ	ص	ض	ل	ش	س	ى	و	ص	خ

ثوم
خرشوف
باذنجان
بروكلي
جزر
كرفس
فطر
يقطين
خيار
الكراث

سبانخ
زنجبيل
لفت
بصل
زيتون
بقدونس
بازلاء
فجل
سلطة
طماطم

80 - Famille

أ	خ	ت	ا	ا	ق	إ	ح	ا	ل	غ	غ	ح	ق	ذ	ح
ع	إ	آ	ش	ز	ع	ئ	ؤ	ل	ح	ث	ج	ع	خ	ة	ب
ف	ي	ج	ز	ى	و	ث	ر	ز	ة	و	ف	آ	إ	ج	ي
ط	ف	ل	ث	آ	ز	ج	ن	و	غ	ز	ط	ج	ن	ف	ع
ل	ص	ا	ع	ة	ر	ك	ة	ج	م	ف	ذ	ن	د	ى	ط
خ	ص	ف	آ	آ	إ	ف	د	و	ا	ط	و	ش	ب	س	ا
أ	م	ط	ظ	د	ك	س	ج	ح	د	ب	ب	ي	ق	غ	ل
ن	أ	أ	و	ر	ث	ن	ف	ذ	ش	ئ	ن	و	إ	ي	أ
ب	ل	ل	ح	آ	ت	ب	ج	ف	ق	ي	ص	ع	ح	ي	ب
ا	ا	ا	إ	ز	س	ث	ش	ج	ي	ظ	ى	ج	م	إ	ف
ص	ف	ب	ص	ذ	ل	ع	ت	إ	ق	ى	ض	ح	ع	ى	ت
ق	خ	إ	ل	إ	ف	ح	ف	ي	د	ج	ذ	ا	ل	ف	ت
م	ر	ح	ل	ة	ا	ل	ط	ف	و	ل	ة	ث	ا	ي	ئ
ق	ع	ذ	ف	ر	ؤ	ن	ا	ب	ن	ة	ج	ة	ئ	ش	ر
ج	ث	خ	ع	م	ة	خ	ز	ص	أ	س	ض	إ	ت	ص	ض
ذ	ب	ش	آ	ض	ن	ل	د	ر	غ	ب	ح	ن	ح	ة	ة

الزوج
الأم
أم
ابن أخ
العم
الأب
حفيد
أب
أخت
عمة

سلف
ابن عم
مرحلة الطفولة
طفل
الأطفال
زوجة
ابنة
شقيق
جدة
جد

81 - Oiseaux

ح	ش	س	و	و	ا	ط	ل	ا	إ	خ	ف	ج	ث	ز	ؤ
م	ث	ى	ك	ا	آ	ة	م	آ	و	ح	آ	ي	غ	ج	ل
غ	إ	ح	ف	ى	خ	ق	ق	ء	ز	ز	ئ	ظ	س	ك	ا
و	م	م	ب	ج	ع	ة	م	ا	ع	ن	س	ر	م	آ	ل
و	ل	ظ	ز	خ	ج	م	ق	غ	ئ	و	ن	ب	إ	ش	و
ف	ش	آ	آ	ز	ب	ا	ل	ب	ط	ر	ي	ق	ك	س	ق
ة	ظ	ج	ع	إ	ل	م	ق	ب	إ	ض	ذ	ص	ق	م	و
ب	ا	ر	غ	ل	ا	ح	ل	ث	ة	ج	ر	ز	ز	ق	ا
د	غ	ئ	ط	ر	د	ئ	ل	ئ	ط	ض	ي	إ	آ	ض	ق
م	ا	ح	ن	ط	ظ	ؤ	ا	ث	ب	ن	غ	و	ى	ر	ن
غ	ؤ	ز	ش	ة	ث	ك	ث	ط	و	ق	ا	ن	آ	د	ن
ز	ظ	خ	ث	ق	آ	و	د	ص	ث	د	و	ن	ن	ق	ع
ن	و	ر	ي	ه	ن	ظ	ر	ب	ج	ر	ة	ص	م	ظ	ص
ذ	ض	د	ش	ذ	ة	ي	إ	ا	س	ظ	ئ	إ	ث	ى	ف
آ	ج	ب	ث	ف	س	ض	ج	خ	ع	م	ث	ى	ح	ة	و
ل	د	ك	ك	ط	ا	ي	ق	و	ظ	ظ	ص	ى	ق	ل	ر

نسر
نعامة
بطة
اللقلق
حمامة
الغراب
الوقواق
بجعة
نحام
هيرون

البطريق
عصفور
نورس
بيضة
إوز
الطاووس
ببغاء
البجع
دجاج
طوقان

82 - Disciplines Scientifiques

م	ج	ع	و	س	ز	ؤ	ل	م	د	إ	س	ؤ	ل	ب	ع
ي	ي	ل	ذ	ف	ظ	م	ت	إ	د	م	آ	ة	ط	ي	ل
ك	و	م	ع	ن	ل	ك	ل	ف	ل	ا	م	ل	ع	و	م
ا	ل	ا	ا	ل	ل	س	ة	ي	س	ي	ف	ت	ل	ل	ا
ن	و	ل	ن	ا	م	ت	ا	ر	و	ذ	ث	غ	م	و	ل
ي	ج	آ	ا	م	ر	ا	ش	ن	ب	د	د	ذ	ا	ج	ب
ك	ي	ث	و	ل	ة	ن	ل	ر	ي	ز	غ	ي	ل	ي	ي
ا	ا	ا	ي	ع	ت	ئ	ث	أ	ي	ا	ك	ة	م	ا	ئ
ة	ك	ر	ح	ل	ا	م	ل	ع	ع	ح	ت	س	ع	ز	ة
ظ	إ	ك	ل	د	ت	ة	ل	س	ك	ص	ش	ة	ا	ف	ح
ة	ب	ث	ا	ش	و	ي	ك	ض	ن	د	ا	ق	د	ل	ئ
و	ف	د	م	ى	ب	ك	ي	م	ي	ا	ء	ب	ن	ز	ظ
ف	ع	ث	ل	ح	و	ف	ي	ز	ي	و	ل	و	ج	ي	ا
ل	ع	و	ع	ؤ	ر	ع	ل	م	ا	ل	م	ن	ا	ع	ة
ذ	ل	ز	ل	ل	ل	آ	ي	ت	ن	ق	ص	ة	ك	ف	غ
د	ؤ	س	ب	ا	ت	ب	ن	ل	ا	م	ل	ع	ذ	ؤ	ح

تشريح
علم الآثار
علم الفلك
بيولوجيا
علم النبات
كيمياء
علم البيئة
جيولوجيا
علم المناعة
علم الحركة

لسانيات
ميكانيكا
علم المعادن
علم الأعصاب
تغذية
فيزيولوجيا
علم النفس
الروبوتات
علم الحيوان

83 - Maladie

ئ	ك	ع	و	ط	س	خ	آ	ج	ح	ج	ر	ت	د	ض	ي
ص	ك	ج	ب	م	ر	ئ	و	ي	ن	ط	ق	ن	ل	ة	ق
ج	ف	ث	ش	ش	و	ا	ل	ت	ه	ا	ب	ف	ظ	ط	ز
ت	ى	ة	م	ز	ا	ل	ت	م	ت	غ	ل	س	ر	ؤ	ث
ن	ص	ي	ن	ط	ب	ل	ا	ع	ت	ظ	ق	ي	ض	آ	ل
ا	ي	ف	ب	ا	ع	ل	ا	ج	ى	ر	ق	ص	ع	ف	إ
ل	س	ا	ث	آ	ص	ح	ؤ	ز	ب	ش	ض	ف	ي	ث	ص
ح	ي	ع	ج	ز	ؤ	ح	س	ر	ة	ك	خ	و	ف	خ	ج
س	د	ل	ر	ا	د	ا	ل	ز	د	غ	ى	م	س	ف	ئ
ا	ش	ا	ن	ع	ق	ر	و	ا	ج	ض	ا	س	ت	س	ل
س	خ	ظ	ل	ش	ث	ذ	ر	ذ	ث	غ	م	ض	ق	ي	ت
ي	د	ع	م	ص	ى	ا	ب	ؤ	ت	ص	ى	م	ى	ش	ص
ة	ي	ر	ا	م	ح	ط	ث	ذ	آ	ف	و	آ	ز	ب	ت
ظ	د	ح	ص	ا	ز	ة	ي	ث	ا	ر	و	ل	ا	ض	م
ص	ش	و	ة	ظ	س	م	خ	ب	ر	ف	ر	ط	ا	إ	ا
خ	ز	ح	ت	ع	د	و	ن	ئ	و	ى	ض	ر	ع	ظ	خ

وراثي
الحصانة
التهاب
قطني
عظام
رئوي
تنفسي
الصحة
متلازمة
علاج

البطن
شديد
الحساسية
العافية
مزمن
معدي
جثة
قلب
ضعيف
الوراثية

84 - Univers

إ	ت	ح	ض	ز	ر	آ	ن	ص	ط	س	ة	ح	ض	ذ	ا
ف	م	ص	ر	م	ق	ب	ر	س	ت	ء	آ	ص	ر	ر	ل
إ	ق	ا	ع	خ	ع	ا	ح	خ	س	م	ا	و	ي	ج	غ
ض	ع	ع	ل	و	ط	ل	ا	ط	خ	ت	ل	م	ؤ	ر	ل
ؤ	ة	س	ا	ة	م	ق	ر	ا	ب	م	ئ	ئ	س	خ	ا
أ	ف	ق	ط	ن	ث	ن	س	غ	ك	م	ر	ئ	ي	ط	ف
ث	ز	د	خ	ت	ف	ا	غ	ذ	ي	ر	ش	غ	ذ	ا	ا
ق	ض	م	ر	غ	ف	ل	ر	ج	و	ر	ب	ل	ا	ل	ل
و	ش	ؤ	ئ	ص	د	ا	ك	ش	ك	ع	ض	و	ج	ا	ج
غ	ة	ر	ط	إ	د	ج	ل	ي	ل	ط	ج	ب	خ	س	و
ذ	ي	ك	و	ن	ي	ا	ف	س	ا	و	ن	ى	آ	ت	ي
ق	ت	ع	ص	ر	ر	ؤ	ل	م	ظ	ج	آ	ق	ذ	و	ق
ع	ؤ	ت	و	ح	ش	ق	ا	ش	ل	ل	إ	ئ	غ	ا	ب
ب	ف	ؤ	د	ز	ة	و	م	ؤ	ا	ص	ا	ة	د	ء	ك
خ	ل	ز	ز	ن	ل	م	ل	ك	م	ل	ح	ل	ش	ح	و
ك	ك	ئ	ب	ة	و	ن	ع	و	ص	آ	ض	ع	ظ	ك	ا

خط العرض
خط الطول
قمر
ظلام
فلك
شمسي
الانقلاب
مقراب
مرئي
البروج
الكويكب
فلكي
علم الفلك
الغلاف الجوي
سماوي
سماء
كوني
خط الاستواء
أفق
إمالة

85 - Géographie

ص	د	س	ج	ج	ة	ق	ن	ه	ر	ؤ	ح	م	ح	ئ	ح
خ	خ	ؤ	ي	ب	ف	ش	ر	ك	ئ	ل	ئ	س	و	ف	ا
ر	ك	آ	ز	ا	ز	ش	م	ا	ل	و	ط	ل	ا	ط	خ
ي	ن	ا	ا	ر	ت	ف	ا	ع	ط	ن	د	ط	آ	غ	ط
ط	ا	ج	غ	ح	ق	ا	ر	ة	ج	ق	ر	أ	ع	ذ	ص
ة	م	ب	ق	ب	و	ن	ج	ق	ى	ز	ت	ظ	ق	ر	ح
غ	ت	ل	ئ	ش	ق	ك	ض	ط	ث	ط	ي	ت	ا	ج	ف
م	ش	ؤ	ئ	و	ة	إ	ف	ن	ض	ل	إ	ر	ي	ظ	ض
ض	ي	ط	ى	ط	ي	ث	و	م	ج	ق	ض	ة	ة	ج	إ
ز	ض	ر	ع	ل	ا	ط	خ	ب	ي	م	ح	ي	ط	ث	ل
ز	د	ش	ي	ت	خ	ة	ز	س	ف	د	ا	م	س	ح	ي
ع	ت	ك	و	د	ئ	ض	م	ى	آ	ا	م	ل	ع	ة	إ
غ	ر	ب	ن	ئ	ي	ح	ح	د	ا	ن	ن	ا	غ	ب	ئ
ث	ئ	ج	س	ئ	ة	ا	ظ	ر	ي	ع	م	ع	ش	ل	غ
خ	ذ	ج	إ	د	ى	ل	ن	ف	م	ن	ى	ل	ب	د	ك
خ	ط	ا	ل	ا	س	ت	و	ا	ء	ج	ة	ا	م	ذ	آ

ارتفاع
أطلس
خريطة
قارة
خط الاستواء
نهر
جزيرة
خط العرض
خط الطول
بحر

ميريديان
العالمية
جبل
شمال
محيط
غرب
بلد
منطقة
جنوب
مدينة

86 - Danse

ح	ر	م	ذ	ك	ك	ث	ئ	ث	ح	د	ح	ظ	ظ	ض	ا
ت	ؤ	و	ا	د	ر	ز	ق	إ	ط	ك	ك	ش	ا	ر	ل
ط	ت	س	ا	ك	ص	ط	ئ	ا	ت	ط	ن	ذ	ل	ف	م
ش	ز	ي	ك	ي	س	ا	ل	ك	ف	ت	ز	س	ك	و	و
ف	ئ	ق	ش	ر	ظ	ؤ	س	ئ	ج	ي	ح	ذ	و	د	ق
ض	ف	ى	ر	ص	د	ق	ئ	خ	ص	ة	ذ	ث	ر	ش	ف
ز	خ	ذ	ي	ب	ئ	ط	ش	ذ	ص	ط	ط	غ	ي	ة	ظ
ز	ة	ت	ك	ل	س	ل	ة	ل	ؤ	ط	ح	ز	غ	ز	ؤ
ة	ف	ا	ق	ث	ع	ر	ع	ظ	ث	س	د	م	ر	غ	ة
ف	و	ن	ع	ل	ط	ش	ر	ج	ح	إ	إ	ع	ا	و	ح
ط	ر	خ	غ	ب	ي	خ	ق	غ	ر	ط	ى	ب	ف	د	ش
ا	ب	إ	ظ	إ	س	د	إ	ق	ك	ع	غ	ر	ي	م	ع
ع	ا	ق	ي	إ	ف	ف	ي	ف	ة	ث	ج	ة	ا	ة	ي
إ	ز	م	ئ	ر	ن	ز	م	ز	ة	ض	ي	ج	ظ	ا	ت
ى	ي	ت	ي	ج	ك	ا	ل	أ	ك	ا	د	ي	م	ي	ة
ن	و	غ	ن	ع	م	ة	ط	و	ب	ت	ث	ن	ج	ر	ح

الأكاديمية
فن
الكوريغرافيا
كلاسيكي
جثة
ثقافة
ثقافي
معبرة
عاطفة
نعمة

مرح
حركة
موسيقى
شريك
الموقف
بروفة
إيقاع
قفز
تقليدي
بصري

87 - Bâtiments

ا	ي	ع	ظ	م	س	م	ك	ئ	ب	ض	م	إ	م	ح	ح
ة	ا	ئ	ب	س	م	و	ة	د	ف	ؤ	د	ك	ر	س	ظ
ا	غ	ف	ح	ت	م	ت	ب	إ	ي	ى	ر	ص	ص	ا	ي
م	ل	ر	ث	ش	ظ	ف	ح	ر	س	م	س	ق	د	ل	ر
ن	ص	م	ل	ف	خ	ي	م	ة	م	إ	ة	ل	م	س	ة
ي	م	ج	ق	ى	ح	ت	ظ	غ	ن	ا	ط	ع	ص	ف	ق
س	م	خ	ظ	ص	م	ل	ع	ب	ف	ر	ر	ة	ن	ا	ش
ئ	ز	ش	ت	ش	و	ح	ؤ	ش	ف	س	ب	ك	ع	ر	ك
ق	آ	ش	ك	ب	ل	ر	ي	ش	ب	ر	ج	ك	ت	ة	ن
ا	ي	ئ	ث	ض	ر	ض	ة	د	ب	ة	ذ	ر	ق	ز	ذ
ث	ع	د	ئ	ق	ل	د	ا	م	خ	ؤ	ل	ا	ج	ي	إ
ي	ض	خ	ج	ظ	ي	ظ	م	خ	ى	ق	خ	ج	ا	خ	ظ
م	ص	س	ا	ح	ئ	ب	ق	ع	ذ	ظ	ظ	ع	م	إ	ض
ش	آ	س	و	إ	ف	ج	د	ش	ك	ا	ظ	ة	ع	ر	س
ل	م	ت	ب	ض	ذ	و	ئ	ى	د	ح	ذ	ف	ة	ر	ؤ
ى	ة	آ	ف	ن	د	ق	ح	ت	ش	إ	ك	م	ب	ك	ى

السفارة
شقة
المقصورة
قلعة
سينما
مدرسة
كراج
حظيرة
مستشفى
فندق

مختبر
متحف
مرصد
ملعب
سوبر ماركت
خيمة
مسرح
برج
جامعة
مصنع

88 - Activités et Loisirs

و	و	ك	ب	ؤ	ة	ئ	ا	ا	م	س	غ	ح	ر	س	ا
س	ي	م	ر	ض	و	ج	ل	ل	ل	خ	ب	ء	ة	ح	ل
ع	ة	س	إ	ة	ك	خ	غ	ل	ا	د	آ	ا	ذ	ة	ه
ل	ف	ل	و	ج	ا	ك	و	و	ك	ة	خ	خ	ح	س	و
ئ	ض	ا	س	ح	ذ	ل	ص	ح	م	ؤ	إ	ر	ت	ة	ا
ج	س	د	ئ	ط	ن	ت	س	ة	ة	ؤ	ؤ	ت	ف	ي	ي
ح	ب	ي	ا	ت	ر	آ	ص	ل	ى	ت	د	س	ن	ت	ا
ت	ا	ص	ض	ض	ت	ح	ؤ	ئ	ة	ل	ن	ا	ص	ن	ت
خ	ق	م	ر	ر	ؤ	ص	ق	ظ	ي	ص	ت	ل	ل	ت	ى
ص	ى	ي	د	د	ؤ	ب	ك	ل	ض	ح	ض	ا	و	آ	ش
ن	ق	ي	ر	إ	ح	ج	ي	ك	ر	ة	ا	ل	ق	د	م
ت	و	خ	ر	ذ	ن	ر	ف	س	ل	ا	آ	غ	ل	آ	ع
ب	س	ت	ن	ة	ع	ؤ	ج	ح	ب	ؤ	ج	ظ	ج	ر	ح
ف	ت	س	د	ت	ت	ؤ	ك	ج	ض	و	ر	ق	ك	ز	ا
ص	ل	ت	ص	ف	ح	خ	ئ	ي	ق	ن	ل	ذ	ت	ض	ى
ذ	ا	ا	ل	ك	ر	ة	ا	ل	ط	ا	ئ	ر	ة	ا	و

سباحة
الهوايات
اللوحة
صيد السمك
الغوص
الاسترخاء
تصفح
تنس
الكرة الطائرة
السفر

التسوق
فن
بيسبول
كرة السلة
ملاكمة
تخييم
سباق
كرة القدم
جولف
بستنة

89 - Livres

ض	ذ	ت	ف	ئ	ع	ف	ر	خ	س	ى	ق	ؤ	ش	ر	د
م	ل	ح	م	ة	ع	و	م	ج	م	ك	ا	س	خ	و	ك
ذ	س	ى	ض	ل	ا	ل	ر	ا	و	ي	ة	ي	د	ح	ب
ك	ظ	آ	ض	ص	ر	م	غ	ا	م	ر	ة	ا	ر	ا	ن
ب	ض	ذ	ن	ل	ا	و	م	خ	ة	ع	ل	ق	ب	ل	ي
ا	ن	غ	غ	ا	س	ل	ا	ن	ز	ش	س	ا	ل	د	ع
ص	غ	ي	م	ت	خ	ظ	ا	ي	ظ	ظ	ل	ل	ك	ع	ؤ
خ	ش	ر	ؤ	ا	ص	ف	ط	ز	ة	آ	س	ك	م	ا	ص
ؤ	إ	ف	ل	ذ	ص	ف	إ	ك	د	إ	ع	ل	ب	ب	ف
ق	آ	خ	ف	أ	د	ب	ي	آ	آ	و	ع	ا	د	ة	ح
ت	ق	ص	ي	د	ة	ز	ب	ق	ص	ة	ا	م	ع	ر	ة
ص	ا	ئ	غ	ث	ص	ى	ض	ط	ج	ح	د	ج	ع	ث	و
ئ	ب	ر	ج	ج	ط	ى	ض	ف	س	خ	ز	ة	ي	د	آ
ئ	ع	ا	ي	ث	ب	ؤ	ؤ	ش	ث	ق	ت	ر	آ	ة	ق
ل	ب	ق	ع	خ	م	أ	س	ا	و	ي	ا	ر	ج	ذ	م
ب	م	ز	د	ف	ي	ج	ط	إ	ك	ب	ؤ	ك	إ	ر	ت

مؤلف	قارئ
مغامرة	أدبي
مجموعة	الراوي
سياق الكلام	صفحة
الازدواجية	ذات الصلة
ملحمة	قصيدة
قصة	شعر
تاريخي	رواية
روح الدعابة	سلسلة
مبدع	مأساوي

90 - Pays #2

ى	ز	ف	ر	س	ت	ض	ب	ة	ا	س	ن	ر	ف	غ	ن
غ	ف	د	ف	ض	ا	ظ	أ	ق	ي	ل	ث	ة	ؤ	ذ	ص
ض	إ	ل	غ	ل	ل	ن	ل	ئ	ن	ن	م	ص	ذ	م	ص
ا	ل	ص	ي	ن	ي	د	ب	غ	ي	ة	ق	ك	ث	غ	ق
د	و	د	ت	ا	ا	ى	ا	و	ك	ز	ب	و	س	م	ش
ن	إ	س	ي	ن	ب	آ	ن	ا	د	و	س	ل	ا	ي	آ
غ	ط	و	ا	ب	ا	ك	ي	ا	م	ا	ج	م	ي	ؤ	ك
و	ق	ر	ه	ل	ن	د	ا	خ	ص	ي	ك	ل	س	ب	ر
أ	ظ	ي	و	ب	إ	ا	ش	ؤ	ب	ن	ي	ا	و	ز	ا
ى	ي	ا	ى	إ	ر	ط	آ	ظ	ز	ا	ا	و	ر	ط	م
غ	ؤ	ر	ج	ط	د	ث	ط	ي	و	ر	ك	س	ز	خ	ن
م	ر	ت	ل	ا	م	و	ص	ل	ا	ك	ث	س	ذ	ث	د
ق	ئ	ي	ك	ن	ض	ن	ذ	إ	ى	و	ن	ج	ت	ط	ل
ض	ك	ي	ط	ح	د	ض	ذ	خ	ك	أ	ط	ا	آ	ا	ا
ث	خ	إ	ط	ذ	ا	ب	ذ	ع	ل	ط	س	س	ظ	ب	ن
ث	ذ	إ	إ	ن	د	و	ن	ي	س	ي	ا	ي	س	ؤ	ق

ألبانيا
الصين
الدنمارك
فرنسا
هايتي
إندونيسيا
أيرلندا
جامايكا
اليابان
كينيا
لاوس
لبنان
المكسيك
أوغندا
باكستان
روسيا
الصومال
السودان
سوريا
أوكرانيا

91 - Fournitures d'Art

خ	ع	ط	و	ص	ا	ص	ر	ل	ا	م	ا	ل	ق	أ	ا
ج	ي	ئ	ر	و	ة	ل	و	ا	ط	ح	ة	ن	ك	ح	ل
ى	ئ	ث	خ	إ	أ	ى	ب	ء	آ	ف	آ	ت	ض	ق	أ
ح	ئ	ج	ر	ت	ح	ك	ة	ا	ح	م	م	ص	ؤ	ض	ف
ي	ز	ع	ا	د	ب	إ	ر	م	س	ي	ع	ل	ك	م	ك
ا	و	ع	ر	ف	ر	م	ح	ي	ؤ	ت	س	ذ	ر	د	ا
ف	م	ذ	ي	ظ	ج	ط	ض	ش	ل	ة	ي	غ	س	ج	ر
ل	ى	غ	م	ص	د	ر	و	ر	ق	ي	ز	ل	ي	م	ث
ت	ل	ن	ا	و	ل	أ	ل	ا	ا	ئ	ك	ذ	خ	ك	إ
ث	ل	ر	ك	غ	ظ	س	ب	ض	آ	ا	ز	ط	إ	و	إ
خ	ا	ر	خ	ض	ن	ف	ط	ب	إ	م	ا	خ	ي	ش	ى
ك	غ	خ	غ	غ	ط	غ	ث	ش	ر	ن	ئ	ي	ت	خ	ت
ا	ل	ح	ا	م	ل	د	ن	م	ف	ا	ي	ح	ب	ظ	ى
ز	ج	ة	ل	إ	ن	ئ	خ	خ	ف	و	ة	ط	إ	ى	ظ
غ	ف	ع	ى	م	ؤ	ظ	ذ	ح	ر	ل	ي	ن	ج	ص	د
ا	إ	إ	ج	ق	ة	غ	إ	ى	ش	أ	ش	ؤ	ذ	ث	ف

أقلام الرصاص
إبداع
ماء
حبر
ممحاة
نفط
الأفكار
ورق
الباستيل
طاولة

أكريليك
ألوان مائية
طين
فرش
كاميرا
كرسي
فحم
الحامل
صمغ
الألوان

92 - Jazz

أ	ا	ق	ز	م	ة	ل	ض	ف	م	ل	ا	ذ	ط	م	ن
ي	ل	ا	ر	ل	ي	ا	م	ة	ي	ش	ع	ظ	إ	و	ا
ف	آ	ب	ت	ح	ن	ج	ن	د	د	ل	ه	د	ك	س	ن
ئ	ي	ا	و	ن	ق	ت	ف	س	ق	ز	غ	و	ا	ي	ف
ا	ظ	إ	ن	م	ت	ر	ر	ت	ك	و	ي	ن	ر	ق	ن
آ	ل	ث	ل	ز	ت	ا	د	ي	د	ج	ل	ا	ت	ى	ث
ج	ط	ط	ث	ج	ب	ل	ا	ئ	م	ئ	ح	ق	س	ي	ش
خ	م	ى	ب	ذ	ش	ا	ع	آ	د	ط	ب	خ	ك	ب	ظ
ز	ا	ر	و	و	ئ	ع	غ	ت	ت	ص	ر	د	ر	ئ	آ
ن	آ	ل	ت	ث	ل	د	ث	ئ	ذ	ن	ي	ذ	و	ئ	ف
غ	ا	ل	ن	و	ع	ج	ت	آ	ز	ث	ل	و	أ	ض	ط
ب	ث	أ	غ	ن	ي	ة	ك	إ	إ	ي	ق	ا	ع	ن	ؤ
ح	ف	ل	ة	م	و	س	ي	ق	ي	ة	ب	ف	ف	ة	آ
س	ذ	ص	ل	ط	ش	س	ف	ح	د	آ	ث	ر	د	ص	ل
ص	م	ظ	ة	ح	ط	م	ع	ن	آ	إ	ئ	ى	ص	إ	س
ا	ل	م	و	ا	ه	ب	ت	ل	ي	آ	ج	و	خ	ؤ	ؤ

ألبوم
فنان
مشهور
أغنية
ملحن
تكوين
حفلة موسيقية
المفضلة
النوع
الارتجال

موسيقى
الجديد
أوركسترا
إيقاع
منفردا
نمط
المواهب
الطبول
تقنية
قديم

93 - Paysages

ج ل ل ت ش غ ض ب م ج ف ض ع ح ظ ل
ب ى ج ص ئ ث ة ث ق ي ء ا ر ح ص ض
ل إ ى ف ن ق ل ت ؤ ر غ د ح و ن ا
ج ك ح س ب و و ى ض ة ي و ب ت خ ع
ل ا ز ح ا ذ ب ة ص ب د د ط ل و ل
ي ؤ ي د ب ر ك ا ن ظ ظ س ظ ب ش ئ
د ر ي خ و د ف س ه ي ب ف إ ج ل س
ة س ص ش ا ط ئ ى ر ض ف ث ك ع ا خ
ج ر آ ف ح ة ر ي ز ج ه ب ش ق ل ا
ل ف خ ق ة ر و ب ؤ ض ك غ غ ن ج ن
ث ث خ ط آ ي ا ب ث ط آ ط ل ت ظ ط
م ذ س ؤ ذ ز ئ ل ب ذ ت ب ش س ف ن
ج ي ز ر ى ج ل ؤ إ ج ن ط آ م م ي
ظ ى ذ ع و ض ع ز ى م د إ ص ة ظ ظ
ل ن ح س ظ ظ ذ ل ؤ ط ر ب ل ك ث ث
ح م ز ؤ ع ث ج غ ض ض ا ث ن و ض ث

بحيرة
مستنقع
بحر
جبل
واحة
شبه جزيرة
شاطئ
تندرا
وادي
بركان

شلال
تل
صحراء
مصب
نهر
سخان
مثلجة
كهف
جبل جليد
جزيرة

94 - Pays #1

أ ا ا د خ ب ر و م ا ن ي ا ق ف ل
ل ل غ ن ظ خ ط ت ئ د ف ل د ذ آ ت
م أ س ه و ل ا ل ف ل ب ي ن إ ة ش
ا ر ي ل ا م ع ث ف ر ر ى ل س ظ ز
ن ج ص ا د ئ آ ح ا و غ ل ن ر ب ئ
ي ن ق ة ن ت ن ز ل د م ك ف ا ن ة
ا ت ل ن ك ل ي ب ي ا ل خ ز ئ م ج
د ي ة ي ش ل ذ ت و و ا ن ث ي ا إ
ن ن ش ك ث ك ؤ ج ز ك ي ا ى ل س ؤ
ل ن ك ا آ ص ي ب ن إ ز ت ظ ب ب ك
و ل ق ر ة ي ق ك ف ل ض س ا و س ج
ب إ إ ا ذ ك ض ش إ ا ل ن ر و ي ج
ش ط خ غ ئ ك د س ؤ ظ ي ا آ م خ ح
ت خ ك و ذ ص إ ى ع ا ش غ ط ل ر ج
غ ث ا ا ف ؤ ط ف غ د ر ف ئ د ط س
ن إ م د ئ ئ ع ة ح س ن أ غ ن ر ت

أفغانستان
ألمانيا
الأرجنتين
البرازيل
كندا
إسبانيا
الإكوادور
فنلندا
الهند
إسرائيل

ليبيا
مالي
المغرب
نيكاراغوا
النرويج
بنما
الفلبين
بولندا
رومانيا
فنزويلا

95 - Nombres

أ	غ	ذ	أ	غ	خ	ذ	ة	ج	ح	ح	ا	آ	ى	ث	ئ
آ	ر	ع	ب	ر	ش	ع	ة	ع	ب	س	ث	إ	م	ذ	ع
ئ	ر	ب	ذ	س	ب	ى	ر	ص	ح	د	ن	و	ر	ش	ع
ف	خ	و	ع	د	ض	ع	إ	ي	ظ	ر	ا	غ	ئ	ق	ي
ث	ى	ا	د	ة	ب	ى	ة	ع	س	ت	ن	ى	آ	ظ	ي
ئ	ف	غ	ف	ى	ي	ي	ر	ع	ق	ي	ر	ظ	ش	ؤ	ل
ث	م	ا	ن	ي	ة	ع	ش	ر	ش	ع	ة	س	م	خ	ح
ض	ش	ر	ج	ك	ع	ش	ع	ش	ت	ر	ع	ع	ؤ	ق	س
ذ	ص	ح	س	ر	ث	آ	إ	ع	ي	ي	ة	ي	غ	خ	ف
ك	ش	ل	ذ	ي	ل	ئ	ت	ة	ة	ث	ا	ل	ث	ج	آ
س	ب	ع	ة	ة	ا	ز	ر	ع	س	ت	ة	ع	ش	ر	ة
غ	خ	ت	ئ	ي	ث	ذ	ج	س	م	ة	ي	ت	ئ	ن	ر
و	ث	ق	ع	خ	ة	غ	ق	ت	خ	خ	ن	ن	س	ح	ف
س	ط	م	ش	ؤ	ع	ة	و	ص	ف	ر	ا	ح	ش	س	ئ
ز	ن	ح	ر	ر	ش	ع	ا	ن	ث	ا	م	م	ش	ش	ظ
ى	ظ	د	ي	و	ر	ؤ	ن	آ	ط	ح	ث	ح	ى	ش	ك

خمسة
اثنان
عشري
عشرة
ثمانية عشر
تسعة عشر
سبعة عشر
اثنا عشر
ثمانية
تسعة

أربعة عشر
أربعة
خمسة عشر
ستة عشر
سبعة
ستة
ثلاثة عشر
ثلاثة
عشرون
صفر

96 - Psychologie

ل	ع	غ	س	م	ر	ض	ي	ع	و	ل	ا	د	ق	ا	ف
ب	ك	ذ	م	ا	ل	ح	أ	ت	ل	ر	ن	ر	ظ	ث	م
د	و	ج	ت	ا	ل	ؤ	أ	ى	ج	ي	أ	آ	و	ر	ج
إ	آ	ر	ى	ظ	ظ	ث	م	ع	ى	ئ	ل	غ	ح	ا	د
ق	ن	ت	غ	آ	ي	آ	ة	ط	ح	س	ا	ل	غ	ك	ن
ظ	آ	ر	ن	ر	خ	ت	ش	خ	ص	ي	ة	ح	ض	ف	ع
م	ئ	ر	ا	ة	ا	ل	إ	د	ر	ا	ك	م	ر	أ	ض
ع	غ	ت	ز	ن	ف	ج	غ	و	ل	ع	س	ا	س	ح	إ
ر	ل	ؤ	غ	ذ	س	آ	آ	ط	ف	ل	ع	ا	ز	ن	م
ف	ا	ل	ع	و	ا	ط	ف	ذ	ض	ج	ق	ح	و	و	ع
ة	ف	ل	ت	ن	ى	و	ى	ك	و	ل	س	ى	ع	ئ	ل
خ	ت	ف	ر	ج	ل	ص	ى	ل	ق	ض	ج	د	ق	ج	ا
ي	ق	ظ	ا	ة	ي	ث	ش	ا	ل	أ	ف	ك	ا	ر	ج
م	ي	ش	ل	ئ	إ	ظ	غ	ش	ى	ف	ع	ش	و	ا	م
ؤ	م	ع	ط	آ	آ	ظ	ؤ	ر	ح	ة	م	ز	ن	ن	ك
ئ	ق	ج	ز	ا	ؤ	ذ	ا	ظ	ع	ة	ل	ك	ش	م	إ

تأثيرات
أفكار
الإدراك
شخصية
مشكلة
موعد
واقع
أحلام
إحساس
علاج
مرضي
معرفة
سلوك
نزاع
الأنا
مرحلة الطفولة
العواطف
تقيم
الأفكار
فاقد الوعي

97 - Nature

غ	م	ى	غ	ب	ا	ب	ض	ن	ء	ا	ر	ح	ص	م	ا
إ	آ	ص	ش	ث	س	ن	ه	ر	د	ل	خ	م	ف	ص	ل
ب	ز	آ	ق	ظ	ت	ة	ظ	ى	إ	ق	ر	ل	ى	ي	ح
ل	آ	ن	آ	ث	و	غ	ق	آ	ط	ط	ي	ا	ئ	ق	ي
ز	ن	م	ط	و	ا	س	س	ن	ق	ب	إ	ذ	ح	ة	و
ذ	ج	ط	ح	ذ	ئ	ز	ا	ل	ن	ا	ن	ة	م	ن	ا
ق	ط	ى	ذ	م	ي	ر	ب	ئ	ح	ل	ح	ق	أ	ك	ن
ا	ل	ن	ح	ل	ت	س	ل	م	ي	ش	م	ع	و	خ	ا
ض	ر	ؤ	ل	ق	ض	ح	آ	ؤ	ق	م	ة	ث	ى	ق	ت
ر	ج	ش	ل	ا	ق	ا	ر	و	أ	ا	خ	ت	ل	ب	ش
ج	خ	س	ث	غ	ا	ب	ة	ك	ت	ل	ص	ق	م	ج	ق
م	م	غ	ح	ع	ك	ئ	ف	ا	ب	ي	إ	ط	م	ع	ة
ا	م	ئ	د	ا	ه	آ	ت	آ	آ	و	و	ص	ا	م	م
ل	ر	ى	إ	ض	ب	ي	آ	غ	خ	ي	س	ز	ط	ت	إ
د	ت	ط	ذ	ظ	ط	غ	ك	ئ	ؤ	ح	غ	ل	آ	ع	ح
ط	م	ظ	س	ى	ل	ن	ل	ي	ث	ج	ة	و	ع	ب	ظ

النحل
مأوى
الحيوانات
القطب الشمالي
جمال
ضباب
صحراء
متحرك
تآكل
أوراق الشجر

نهر
غابة
مثلجة
سحاب
سلمي
ملاذ
بري
هادئ
استوائي
حيوي

98 - Chimie

آ	ة	ر	ا	ر	ح	ل	ا	ة	ج	ر	د	ق	ض	م	ح
ف	م	ض	ج	ت	ه	ي	د	ر	و	ج	ي	ن	ث	ل	ي
ك	ر	خ	د	غ	ن	و	ث	ا	ك	ف	غ	ص	ق	ح	ب
ع	ك	آ	ن	و	غ	و	ذ	ر	غ	ث	ة	و	د	غ	ر
ك	ب	ص	ك	ر	ص	ن	ة	ح	ذ	ئ	و	ز	ن	ل	د
ع	ل	ب	ز	ى	خ	و	إ	ة	س	ح	ل	ص	د	ح	ي
ن	ق	و	و	ي	م	ي	ز	ن	ا	آ	ص	ن	ب	ظ	ج
ؤ	ل	ع	ر	ف	ت	أ	ث	و	ئ	ا	و	و	ك	ز	ا
م	ا	ل	م	ع	ا	د	ن	ر	ل	غ	ا	ز	ر	ر	ق
أ	ح	ق	ل	و	ي	ر	ج	ت	ب	ئ	م	ز	ب	ل	ن
ي	ك	ف	ن	ز	س	ى	ؤ	ك	ق	ؤ	ل	ل	و	ض	و
ظ	د	س	ز	و	ة	و	د	ل	س	ز	ذ	ث	ن	ط	ط
ة	ى	ز	ج	س	ر	ج	ذ	إ	ل	ب	غ	ب	ف	ف	ذ
خ	ش	و	ض	ي	ح	إ	ي	ئ	ك	إ	ا	ى	ط	ذ	ئ
ا	م	ر	إ	ر	ن	خ	ظ	ى	ك	إ	ص	ب	ع	ع	ا
ي	ض	ح	ل	ذ	ض	ف	د	ب	إ	د	خ	ظ	ظ	د	ح

حمض
قلوي
ذري
كربون
محفز
حرارة
كلور
انزيم
إلكترون
غاز
هيدروجين
أيون
سائل
المعادن
مركب
نووي
أكسجين
وزن
ملح
درجة الحرارة

99 - Bateaux

ي ع ا ر ش ب ك ر م ن ص م ب ك د س
غ ف ق ل آ ت ذ ر ي ه و ح ح ى د ا
ت ذ ك س ا ف ب ث ا ر ف ي ر ت ة ع
ؤ و ف ق ف ص ب ظ س ف ن ط ظ خ ج ب
خ ى ج ط ا ق م ر ن ط ث ك ا ي ا ك
ك ي آ ع ر ز ر ض غ غ م ر ر ن و ب
ن ص ن ي ز م س غ ك ؤ غ ح ت ض و ب
ؤ ة ؤ ظ ش ى ا آ ؤ ؤ ب م ط ش ي ذ
ش ح س ا ر ي ة ح ن ة ر ا ب ع ل ا
س ب د إ ا ج ر ظ ز ا خ ي ط ا د ج
ق ل ت د ل ح ي ش ح ط غ ز ي ؤ ق ح
ك ي ل س ز ى ح ب ش ل ى ة ة ع ف ع
ة ة د ل و ظ ب ر ت آ ة ؤ ل إ و ئ
ك ب ك غ ر ح ز ج ل إ ت ر ب ا ط ا
د م ل ا ق آ إ ج ا و م أ م و ع ز
ى ط ط ز ا ي ط د ض إ ف ة ا ض خ خ

بحار
سارية
بحر
محرك
بحري
محيط
طوف
أمواج
مركب شراعي
يخت

مرساة
عوامة
الزورق
حبل
طاقم
العبارة
نهر
كاياك
بحيرة
المد

100 - Mesures

ح	غ	ك	ح	ظ	خ	ظ	ن	ف	ظ	ض	د	ت	خ	و	ت
ا	ا	ج	ق	ز	ك	ي	ل	و	م	ت	ر	ت	م	ا	ظ
ك	ز	ن	و	ة	ج	ر	د	ز	ا	ش	ت	ع	ت	ل	ل
ظ	ع	ت	ق	ل	ظ	ش	س	آ	ر	ش	م	ب	ع	ص	ص
خ	ا	ة	ي	ن	ع	ع	ك	ة	غ	ن	ي	س	ق	و	ي
ط	ف	ل	ؤ	خ	ث	ص	ك	ج	و	ة	ت	ط	ئ	ت	ج
ق	ت	ئ	ا	ؤ	ز	ت	خ	ن	ل	د	ن	ط	خ	ى	ط
غ	ر	ا	م	ف	ل	م	د	ط	ي	ة	س	ش	ة	إ	ج
ب	ا	ي	ت	ن	ا	س	ئ	و	ك	ك	ك	ظ	آ	ل	ق
إ	ؤ	ف	د	د	ج	ر	ض	ح	أ	و	ق	ي	ة	ر	ج
آ	ح	ج	ض	ق	س	م	ش	ب	ى	ا	ت	ؤ	ل	غ	ج
ا	و	ز	ن	ي	ى	ف	ك	د	و	س	ب	ي	ت	و	غ
ح	ل	ك	آ	ق	ى	ق	ز	خ	ف	ك	ى	ا	ك	ئ	ؤ
ض	خ	ط	ل	ة	ص	و	ب	د	ل	ل	آ	ز	ف	ت	ت
ع	د	ق	و	ض	ر	ج	ظ	ت	ئ	غ	ت	ش	ك	آ	ز
ا	خ	ئ	ظ	ل	ع	م	ق	ث	ز	غ	و	ر	ز	س	و

كتلة
متر
دقيقة
بايت
أوقية
وزن
بوصة
عمق
طن
الصوت
سنتيمتر
درجة
عشري
غرام
ارتفاع
كيلوغرام
كيلومتر
عرض
لتر
الطول

1 - Adjectifs #2

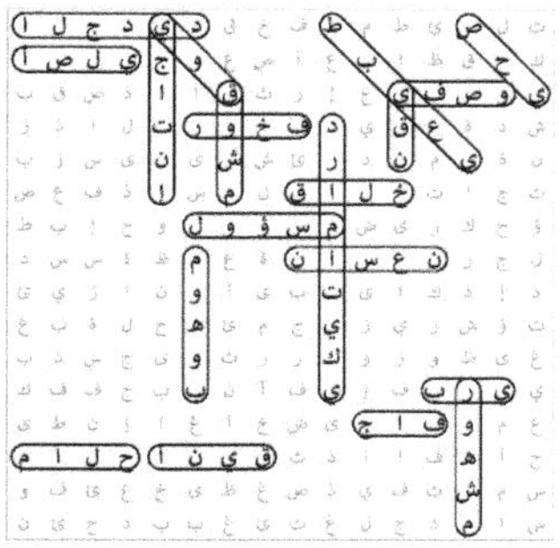

2 - Force et Gravité

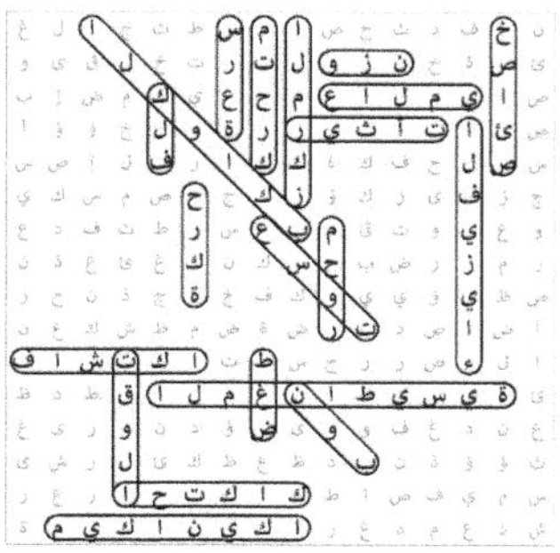

3 - Adjectifs #1

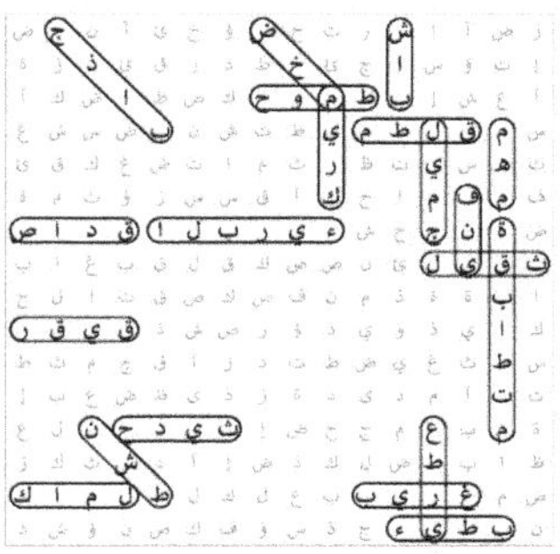

4 - Instruments de Musique

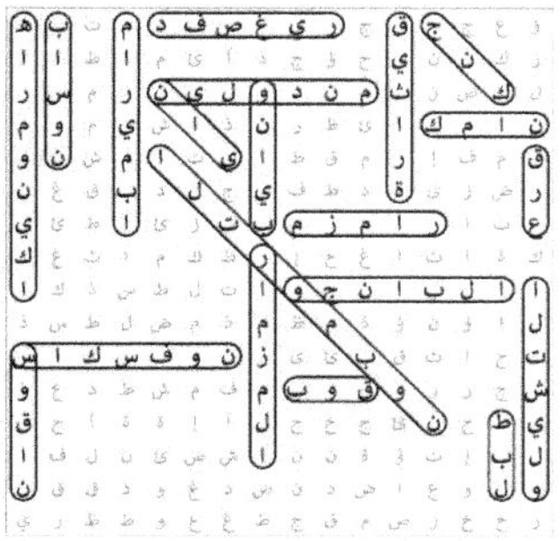

5 - Échecs

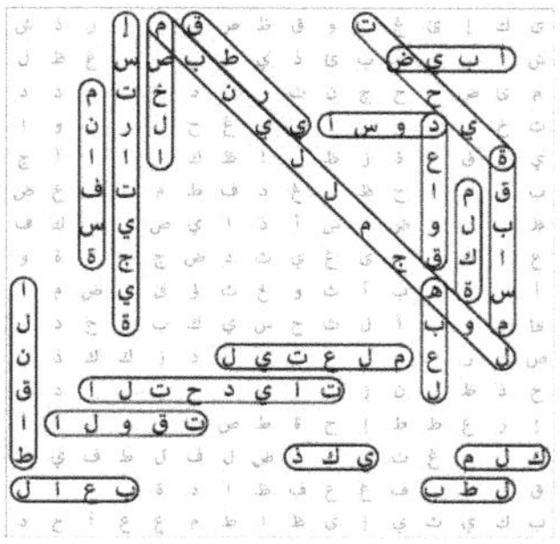

6 - Herboristerie

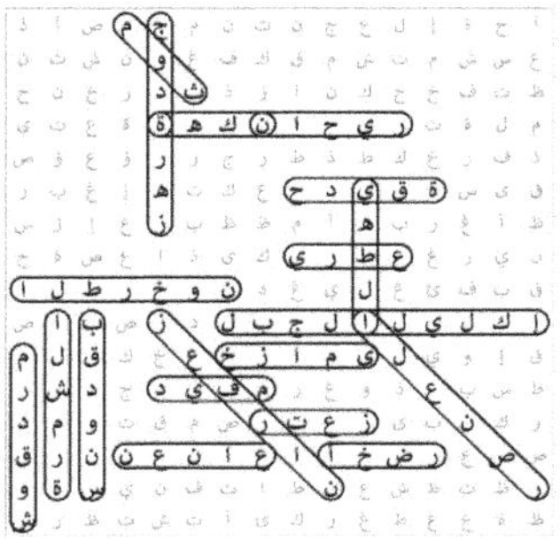

7 - Véhicules

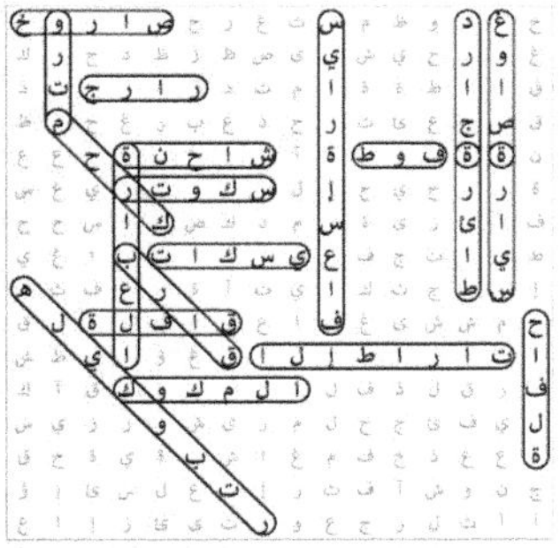

8 - Camping

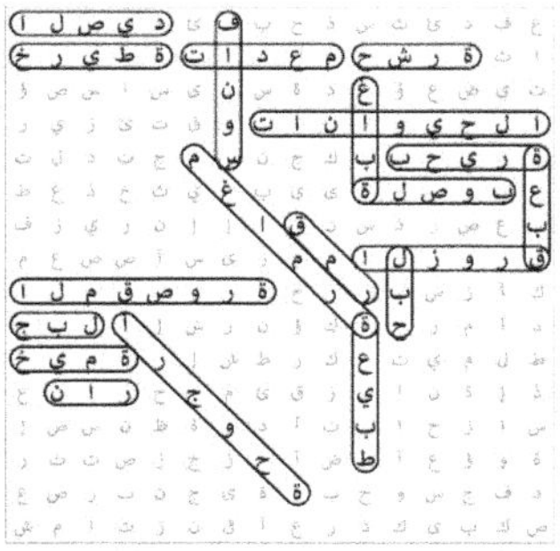

9 - Écologie

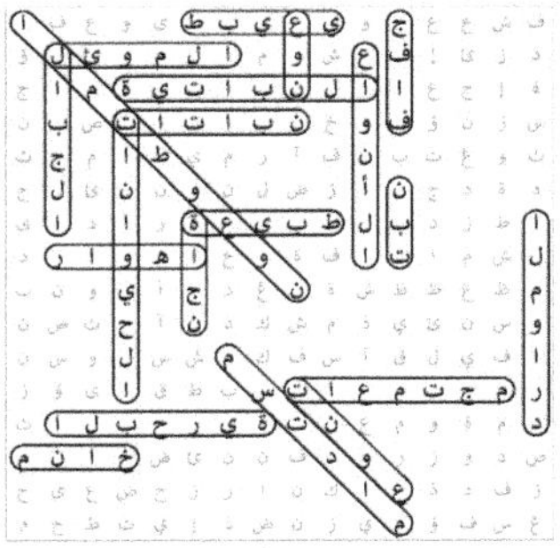

10 - Géométrie

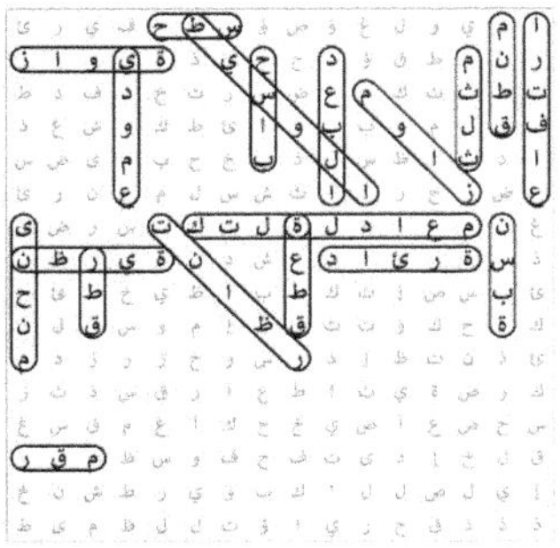

11 - Les Médias

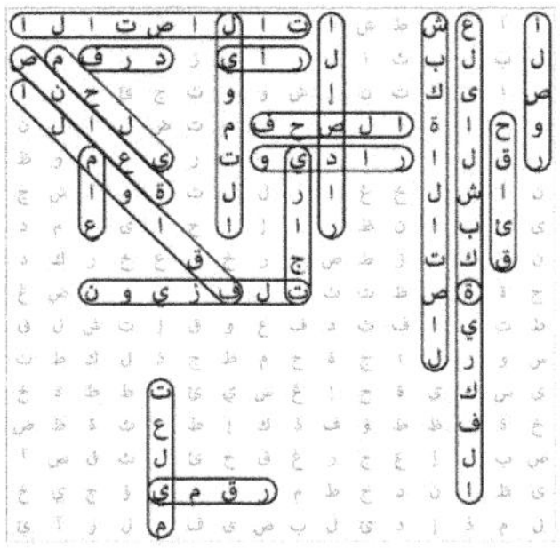

12 - Diplomatie

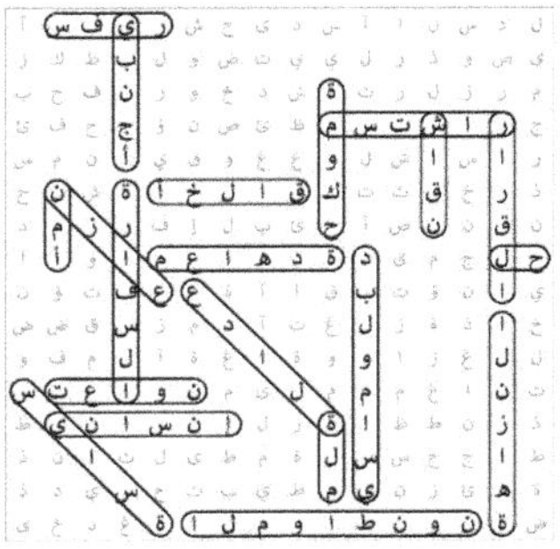

13 - Astronomie

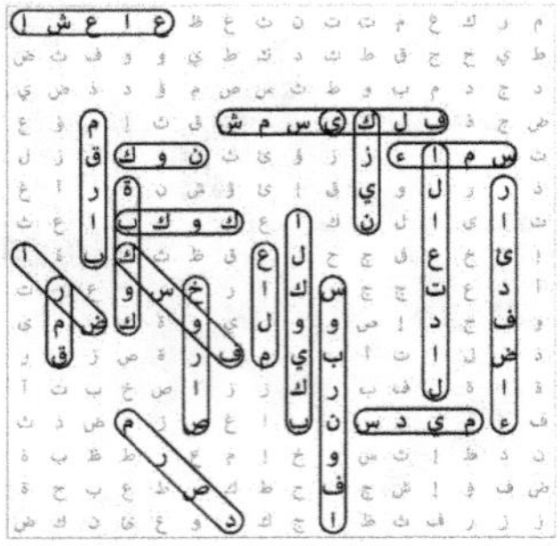

14 - Physique

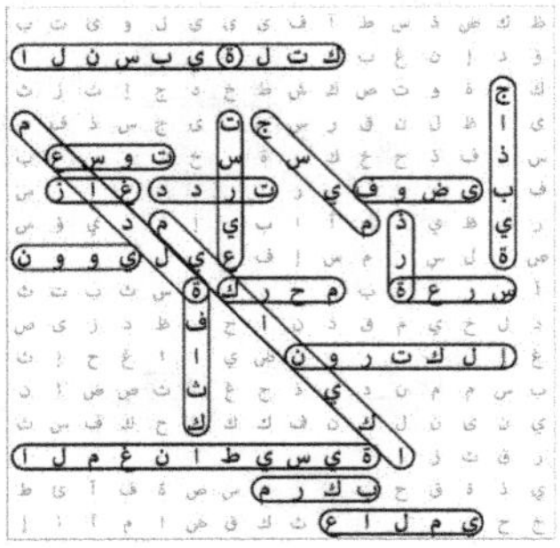

15 - Types de Cheveux

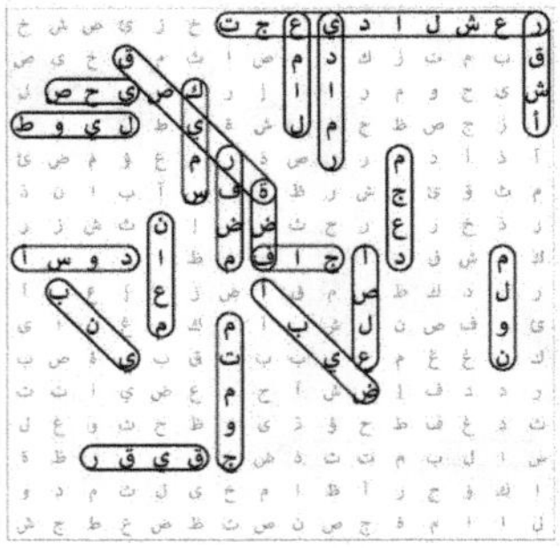

16 - Archéologie

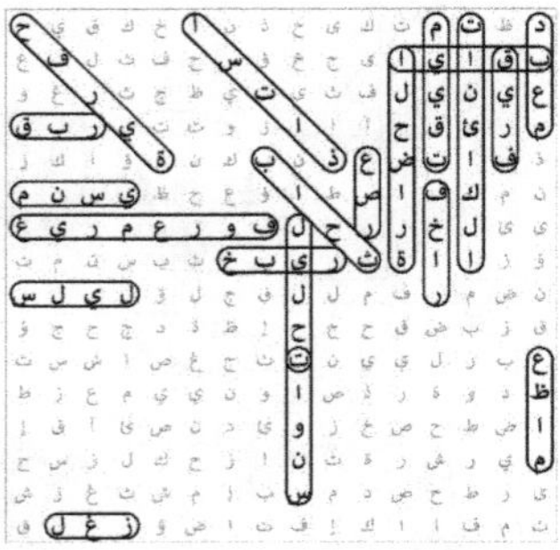

17 - Mammifères

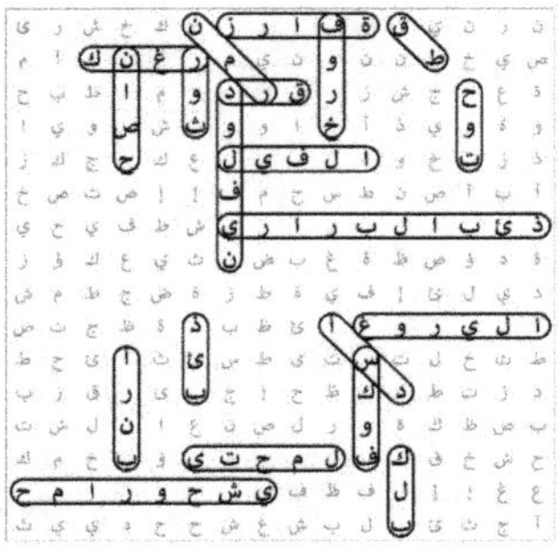

18 - Mathématiques

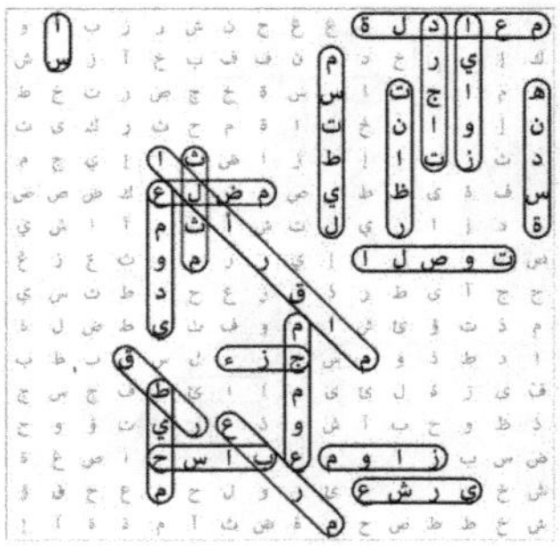

19 - Mythologie

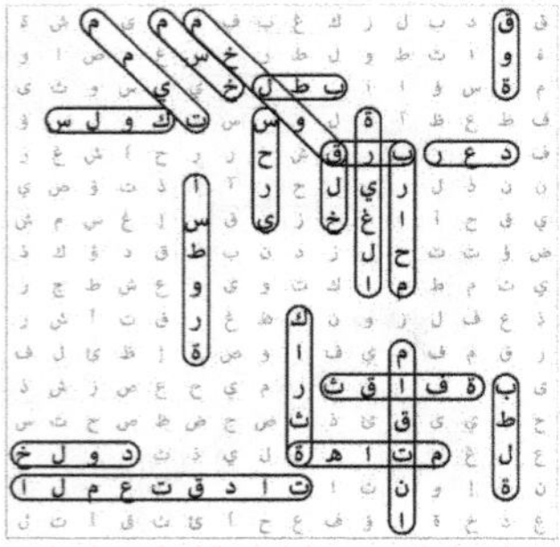

20 - Restaurant #2

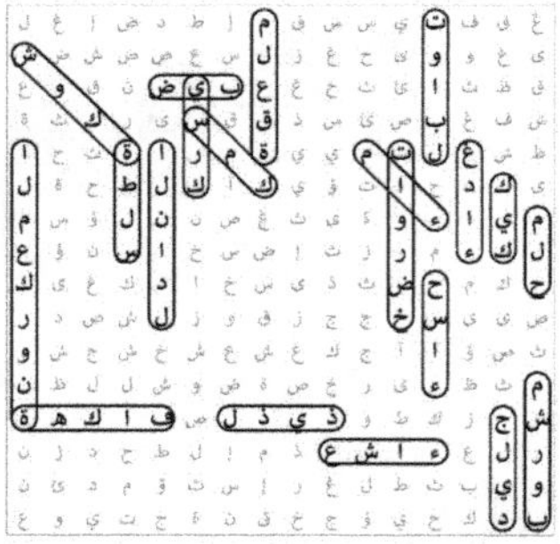

21 - Beauté

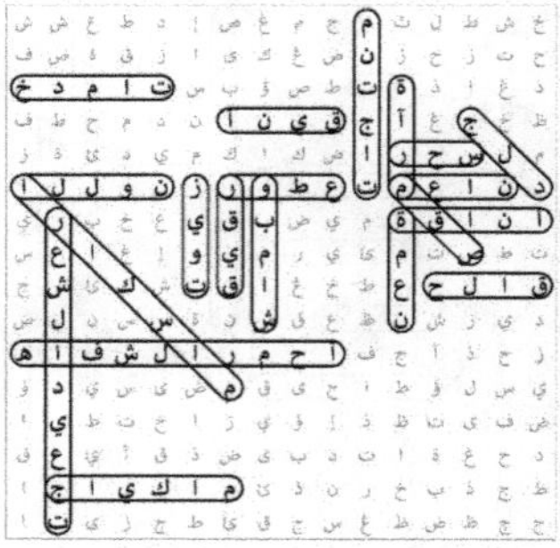

22 - Avions

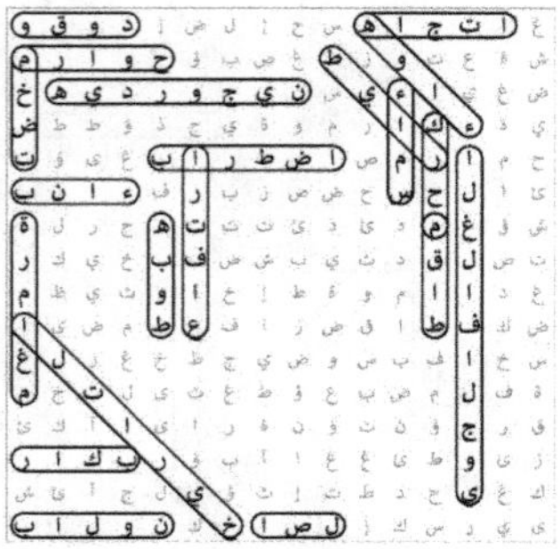

23 - Aventure

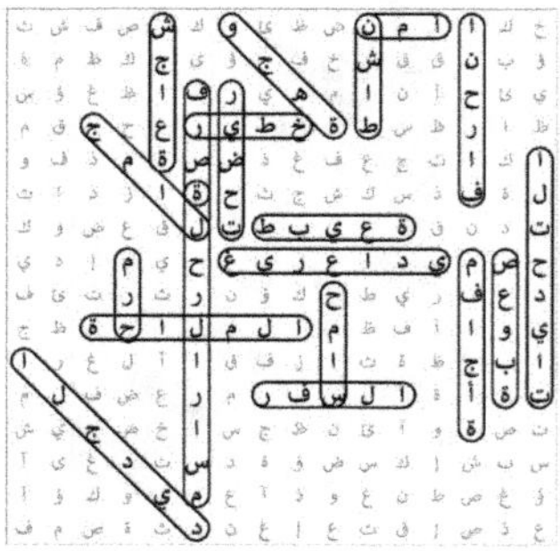

24 - Ville

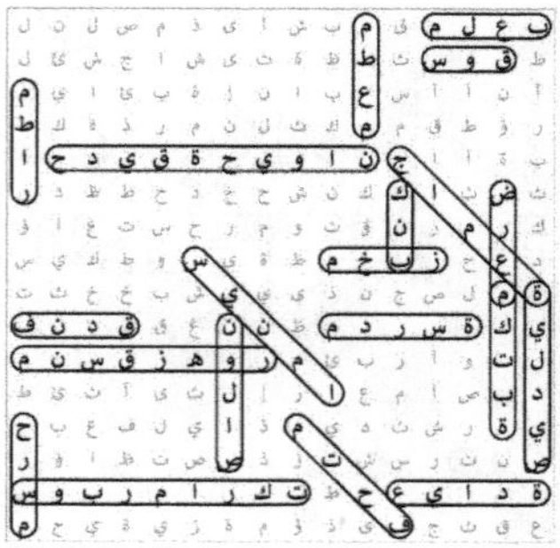

25 - Ingénierie

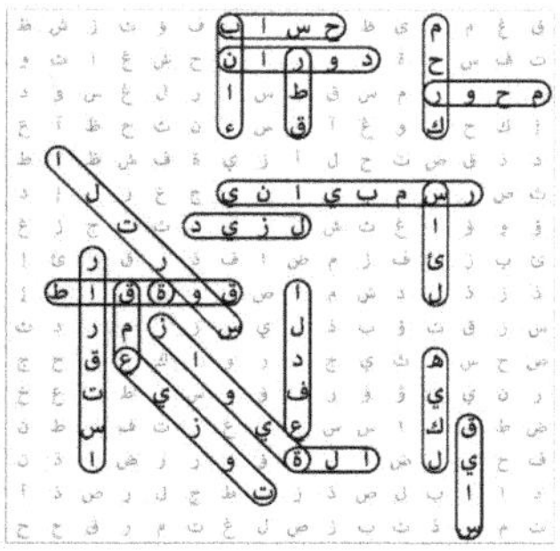

26 - Énergie

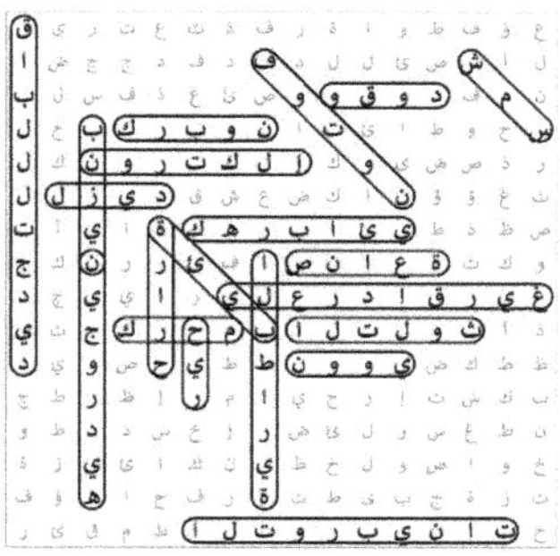

27 - Cuisine

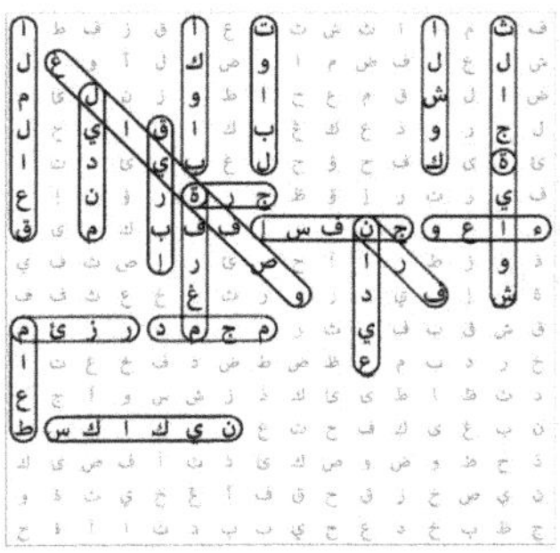

28 - Corps Humain

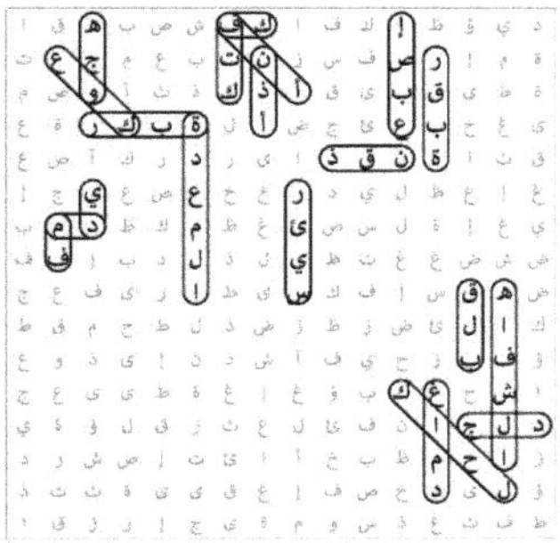

29 - Biologie

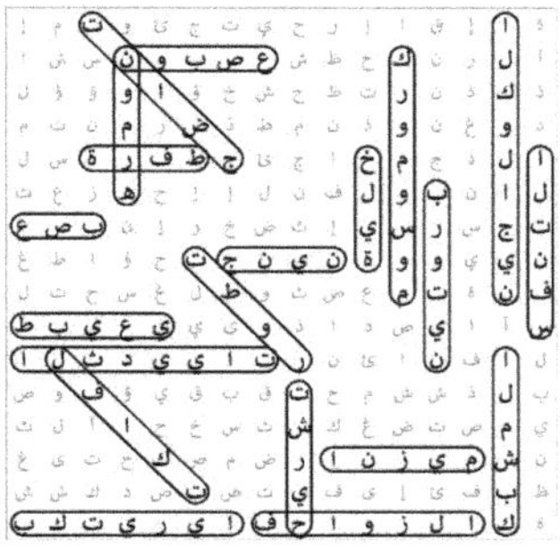

30 - Épices

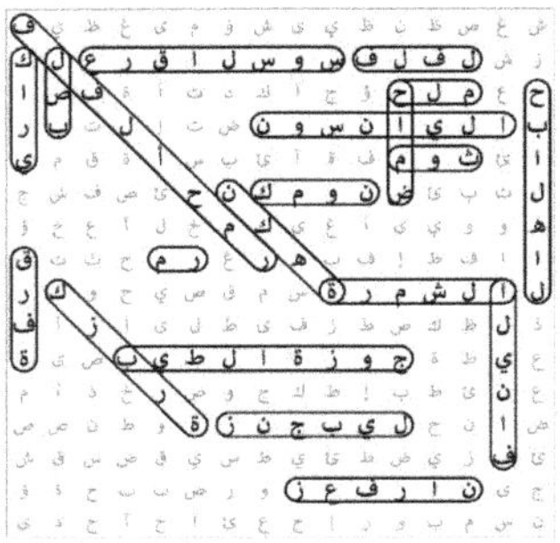

31 - Agronomie

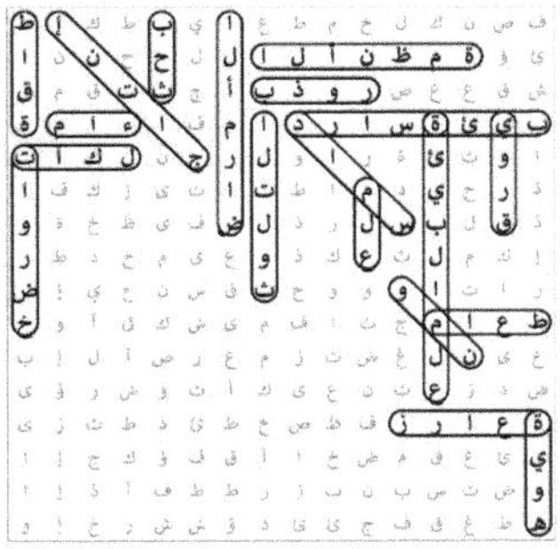

32 - Vêtements

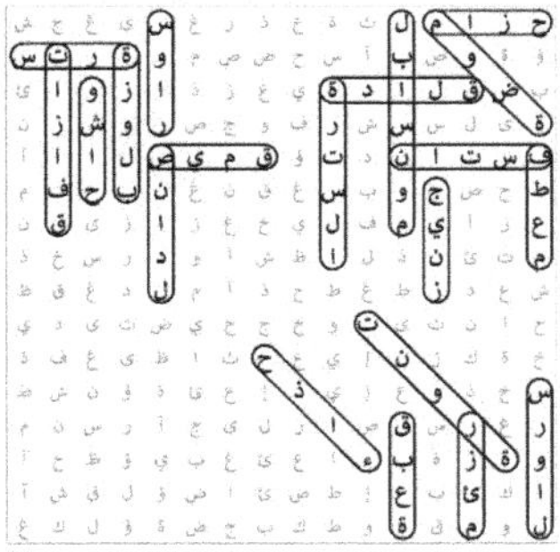

33 - Méditation

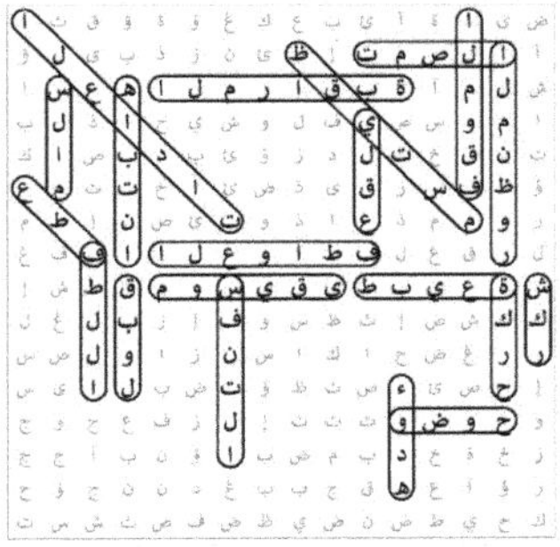

34 - Littérature

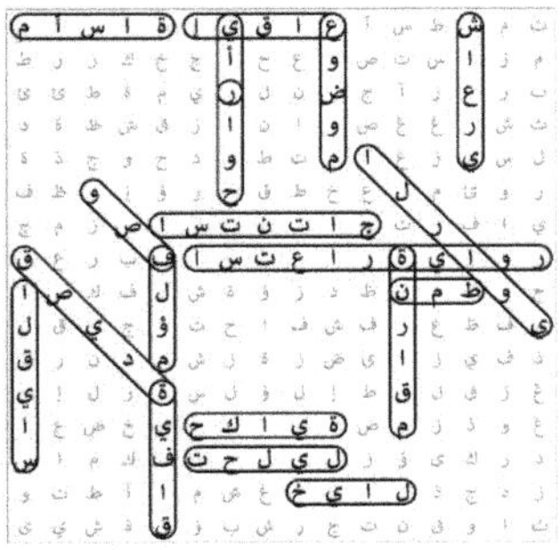

35 - Nourriture #1

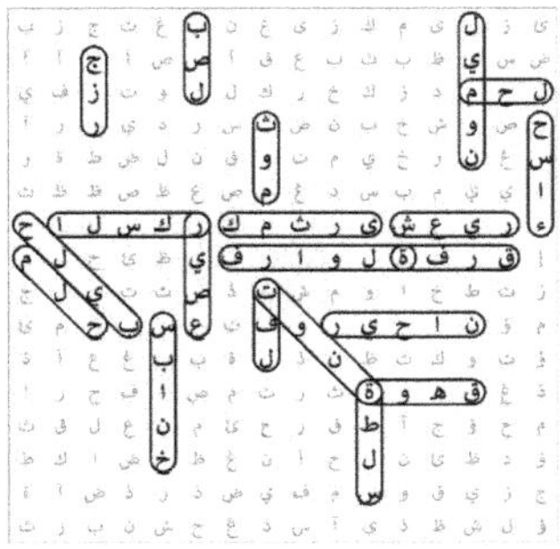

36 - Jours et Mois

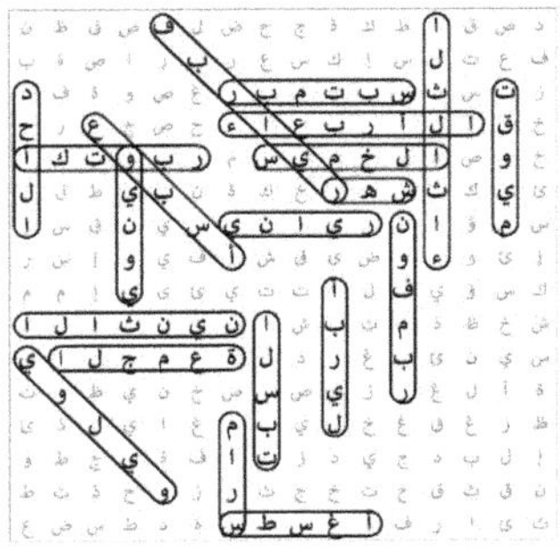

37 - Jardinage

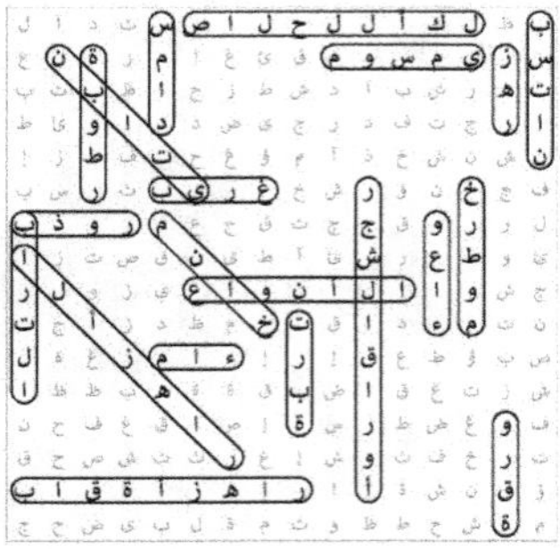

38 - Entreprise

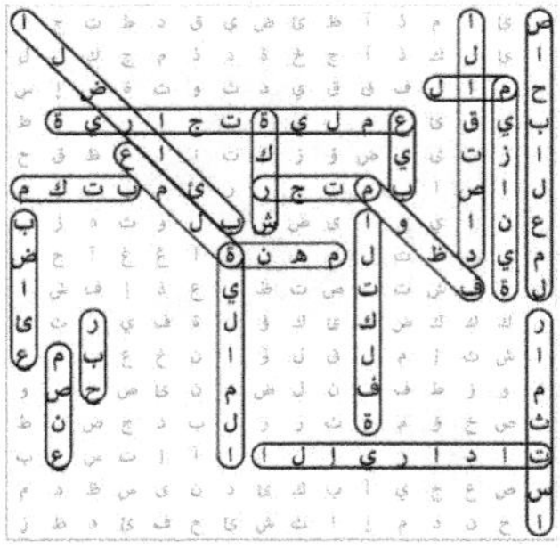

39 - Activités

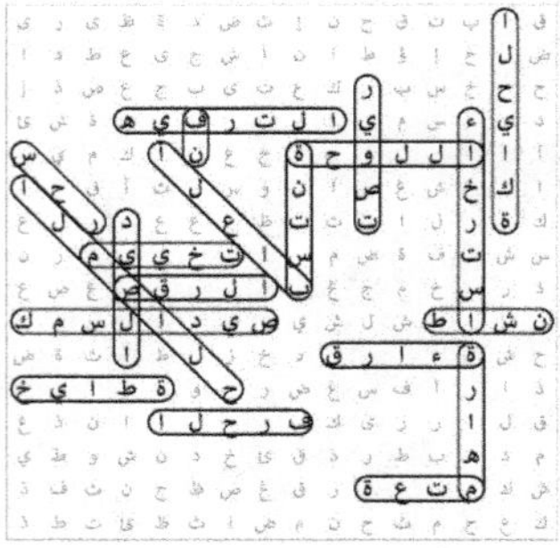

40 - Mode

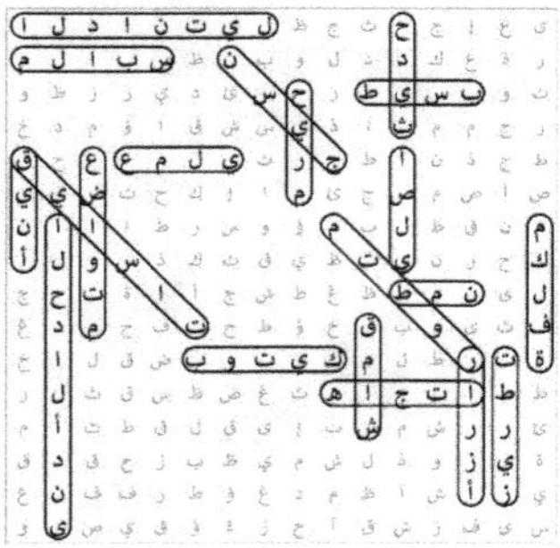

41 - Fleurs

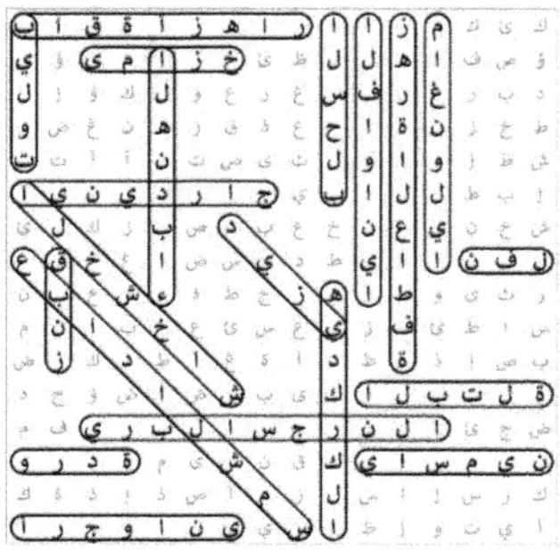

42 - Nourriture #2

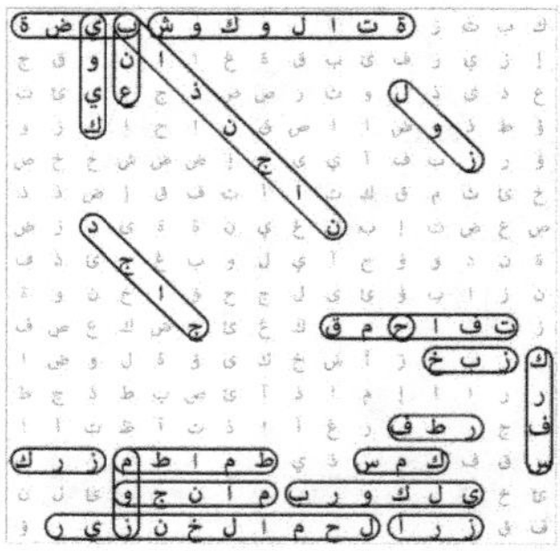

43 - Algèbre

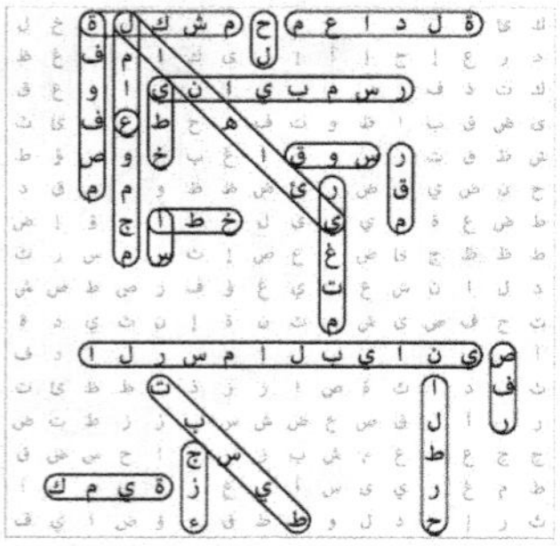

44 - Océan

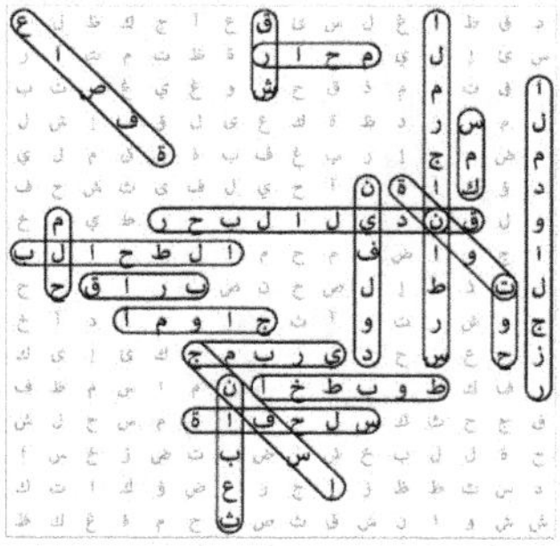

45 - Remplir

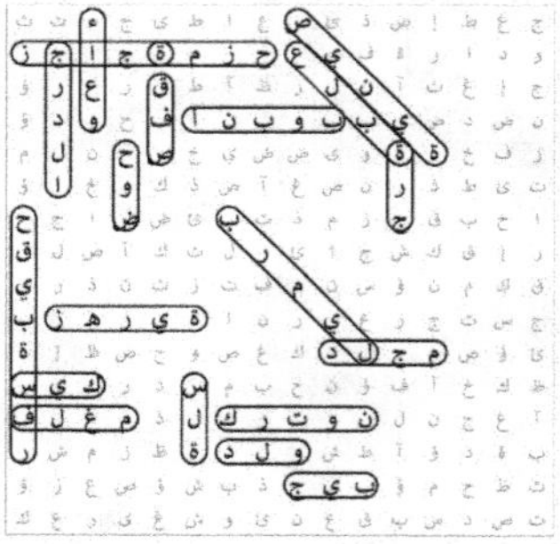

46 - Antiquités

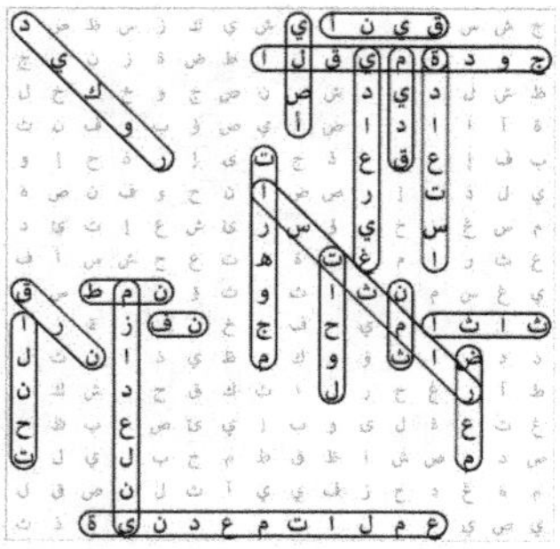

47 - Réchauffement Cli

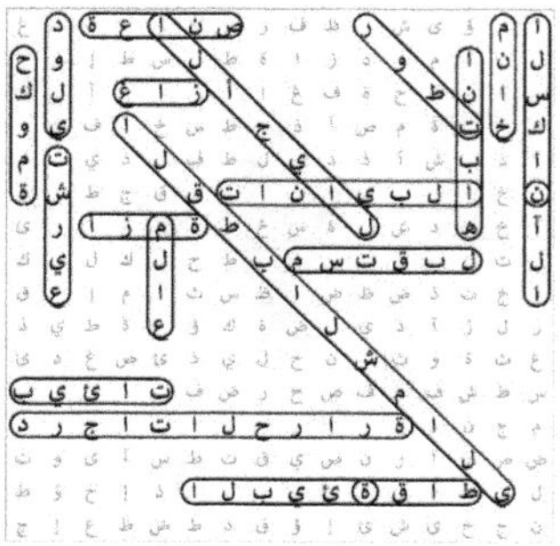

48 - Ballet

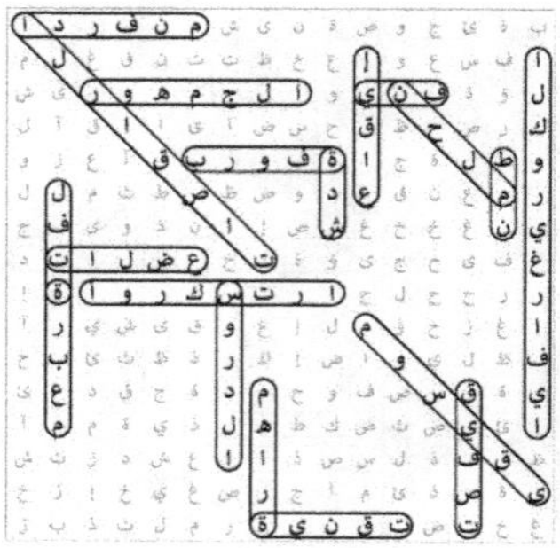

49 - Fruit

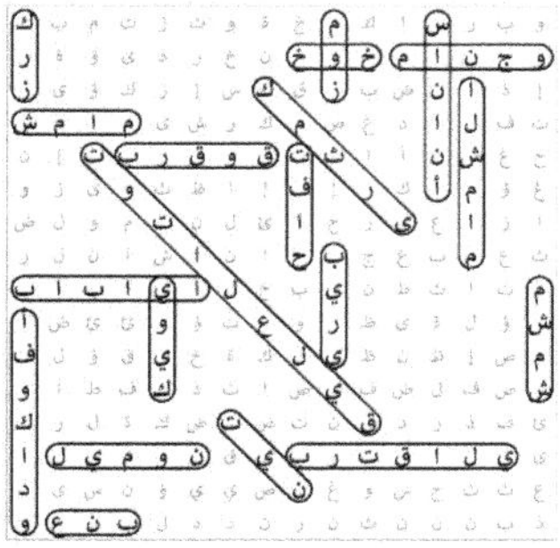

50 - Technologie

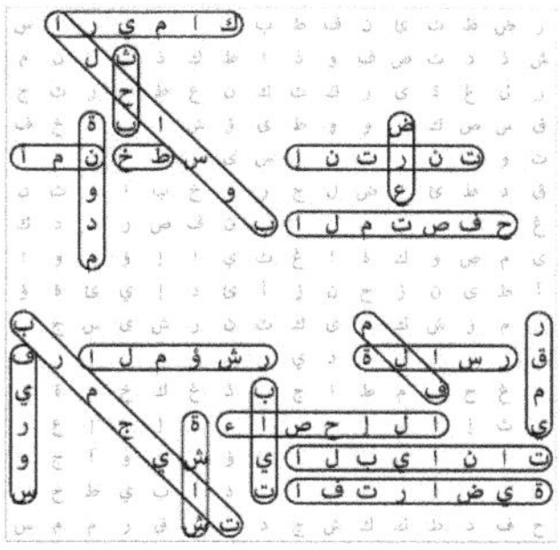

51 - Musique

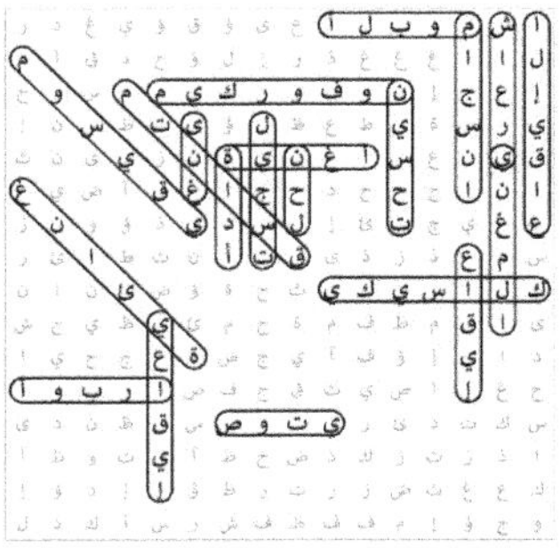

52 - Météo

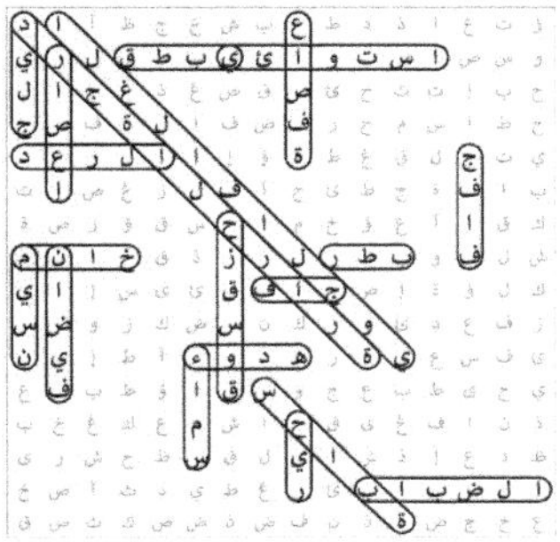

53 - L'Entreprise

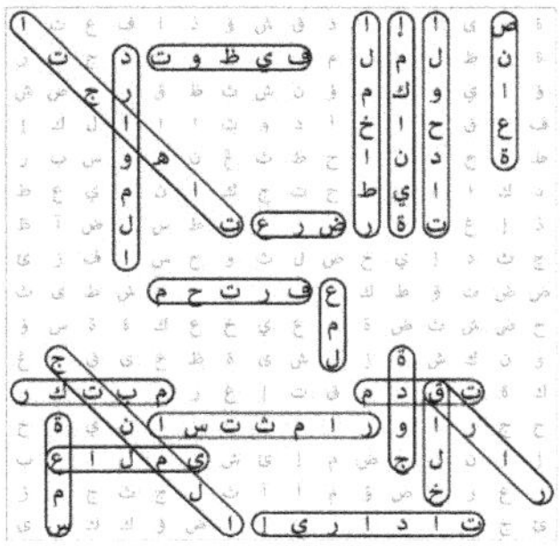

54 - Gouvernement

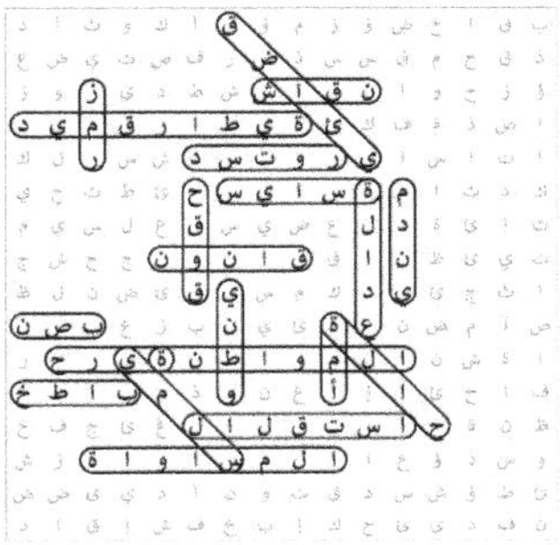

55 - Randonnée

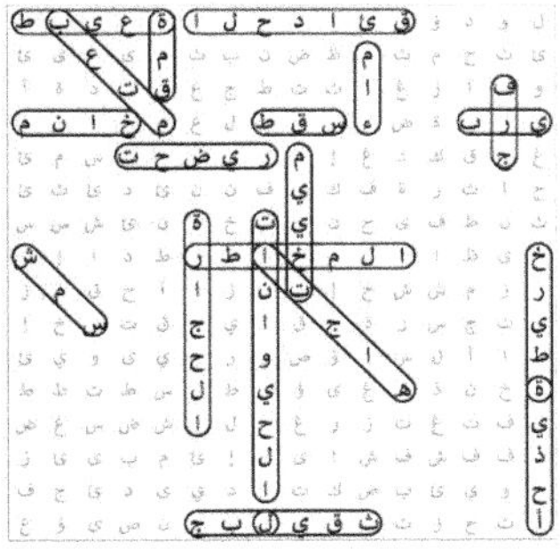

56 - Art

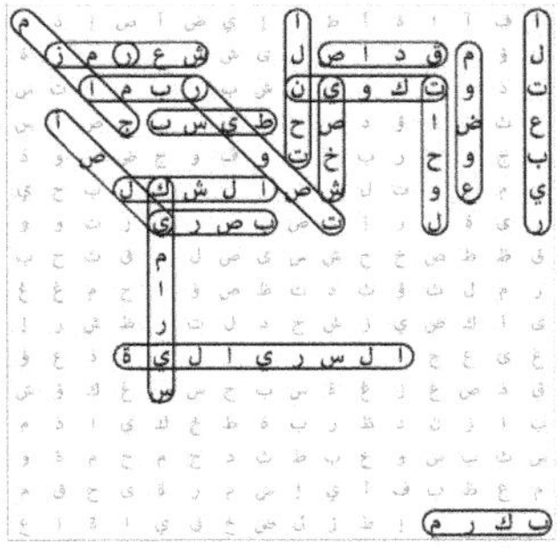

57 - Nutrition

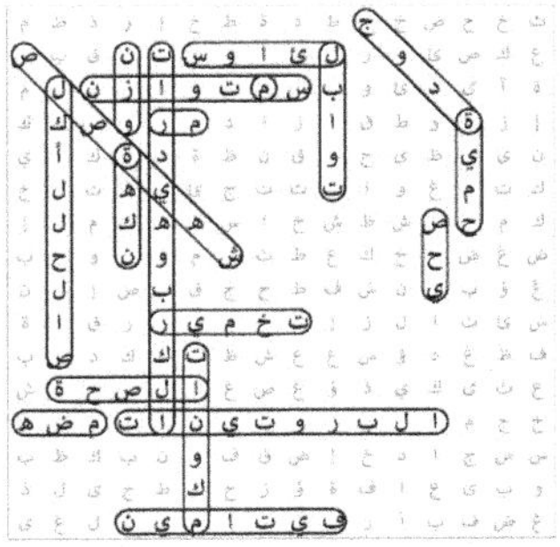

58 - Créativité

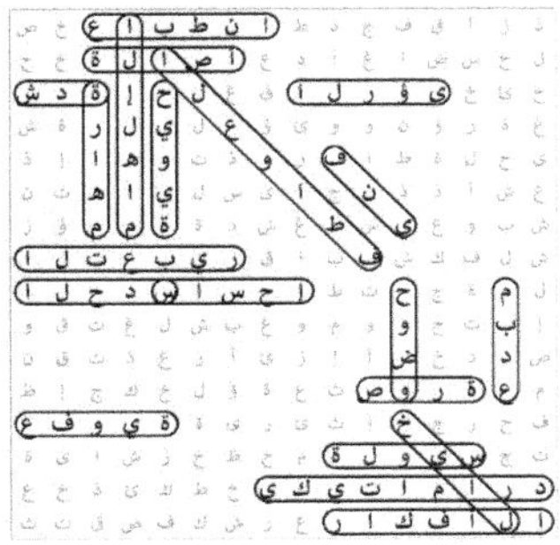

59 - Science Fiction

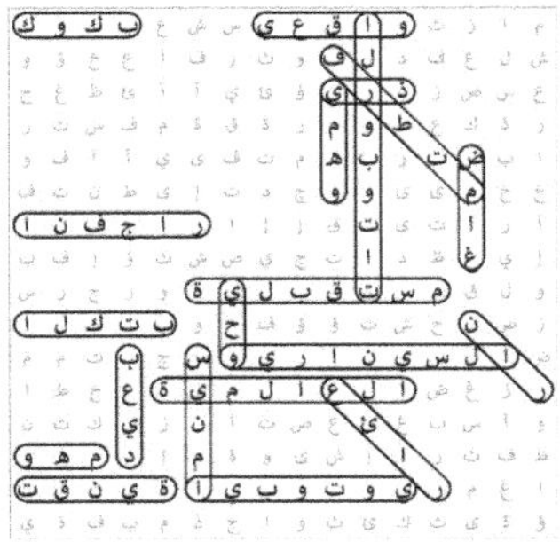

60 - Professions #1

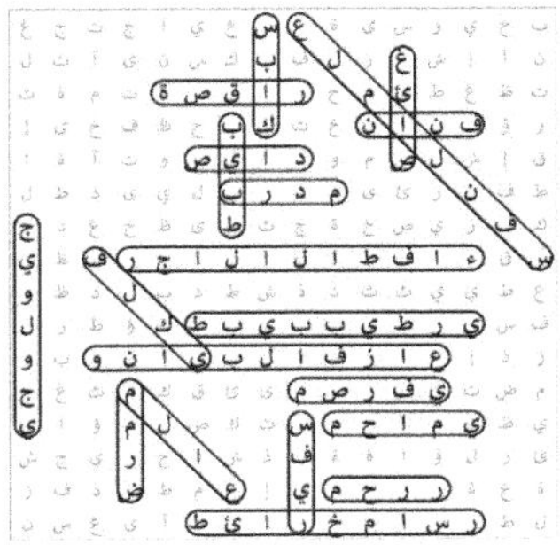

61 - Géologie

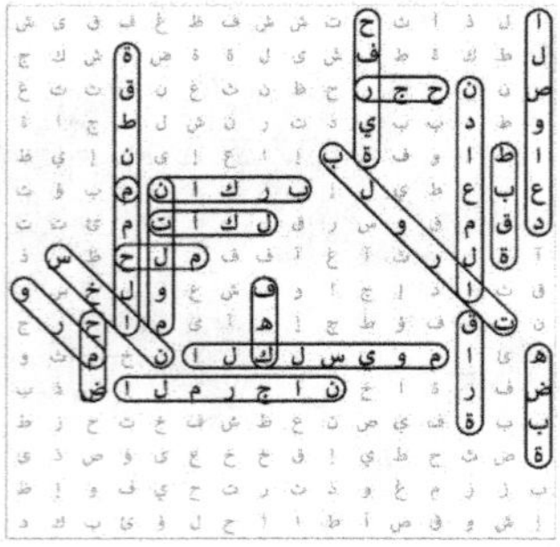

62 - Jardin

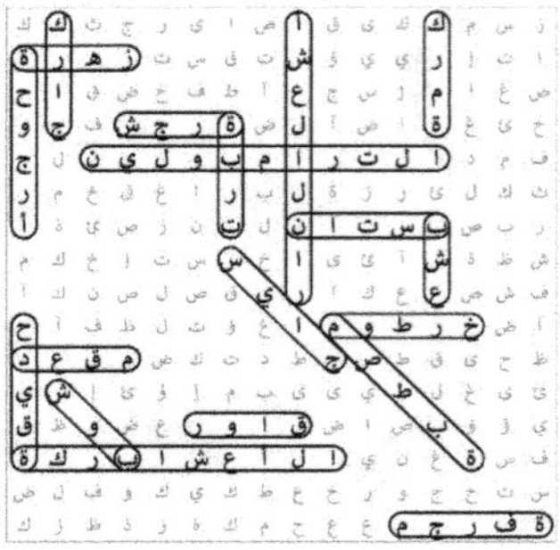

63 - Santé et Bien Être #1

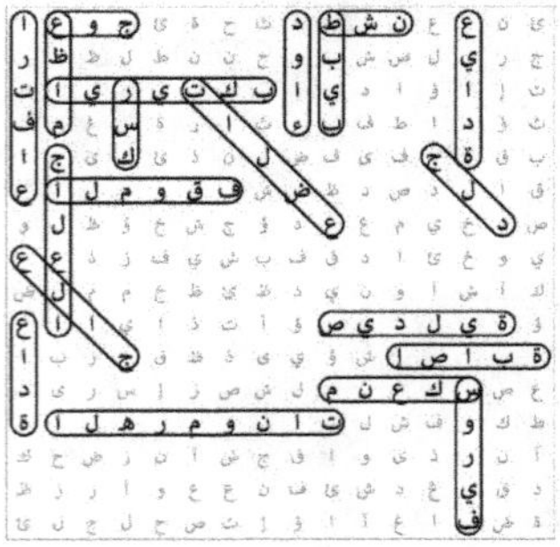

64 - Barbecues

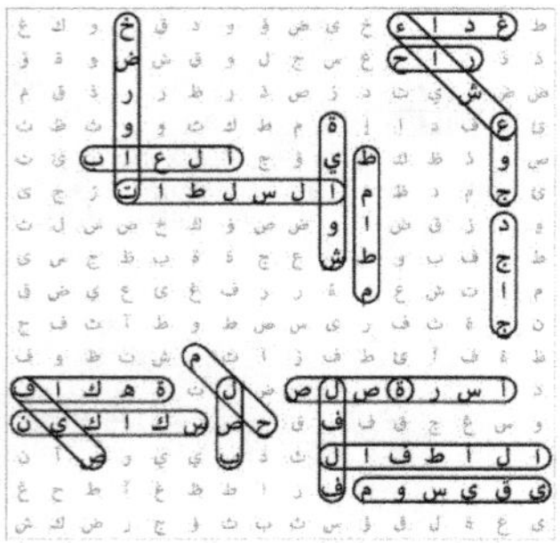

65 - Forêt Tropicale

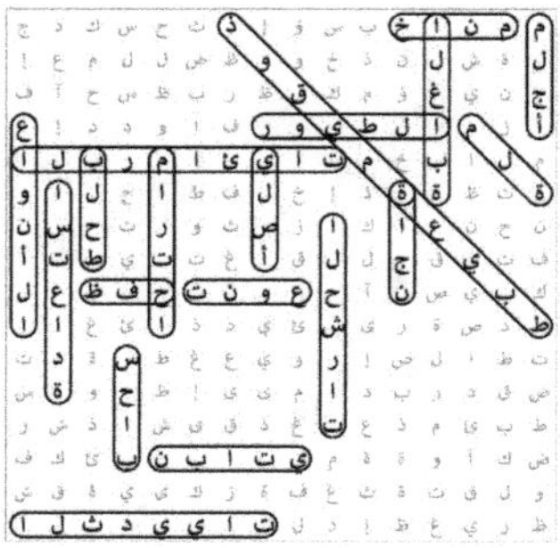

66 - Insectes

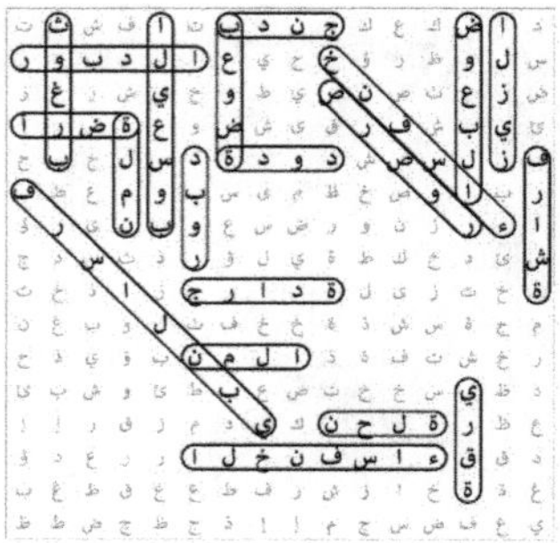

67 - Ferme #1

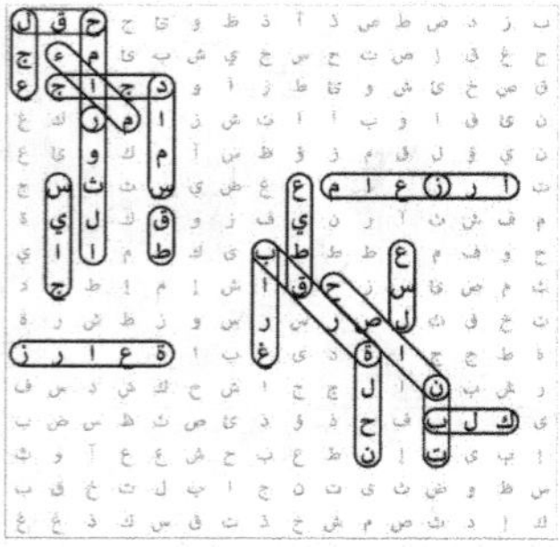

68 - Antarctique

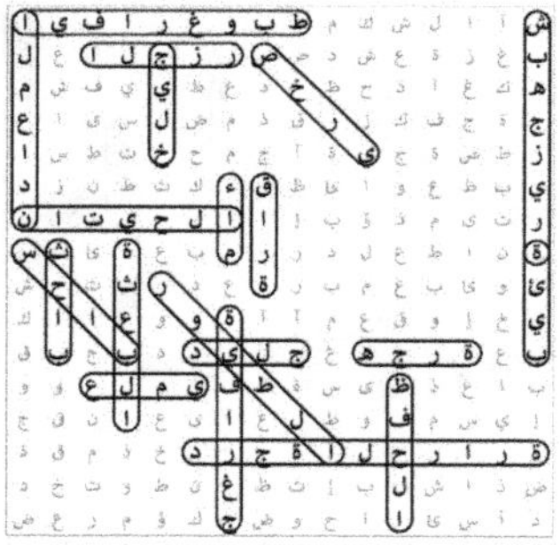

69 - Professions #2

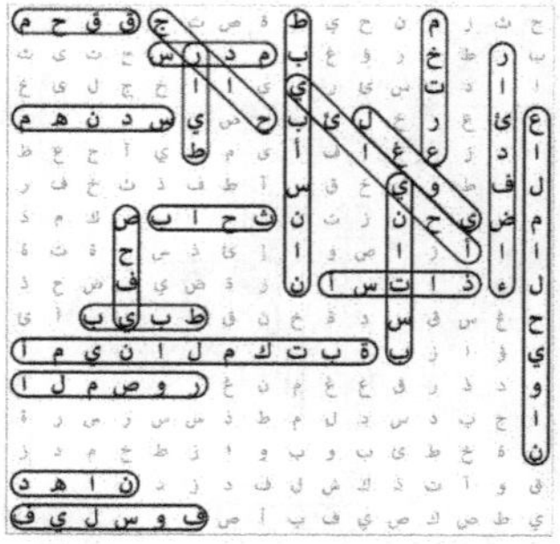

70 - Les Abeilles

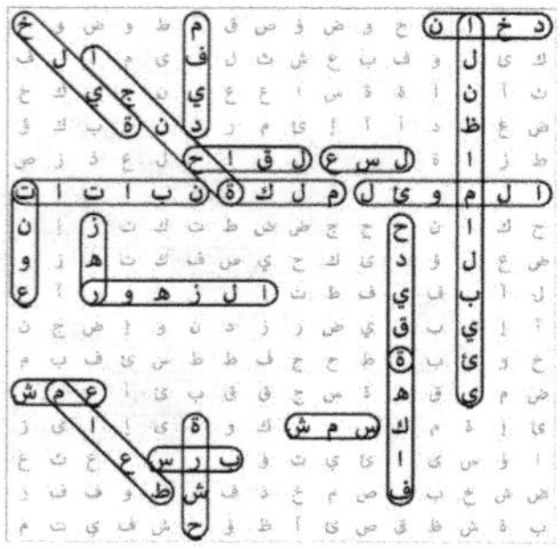

71 - Santé et Bien Être #2

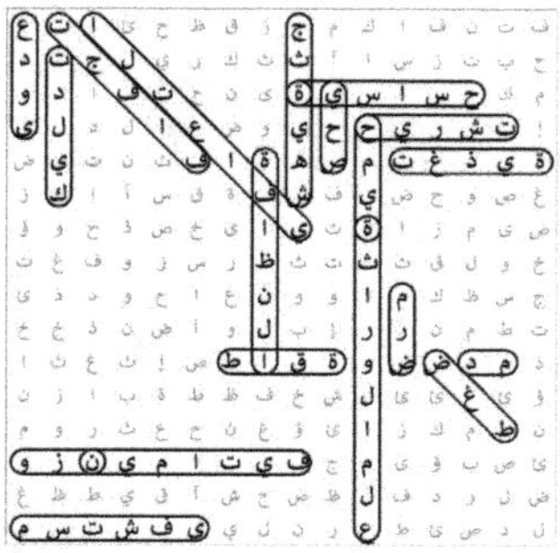

72 - Conduite

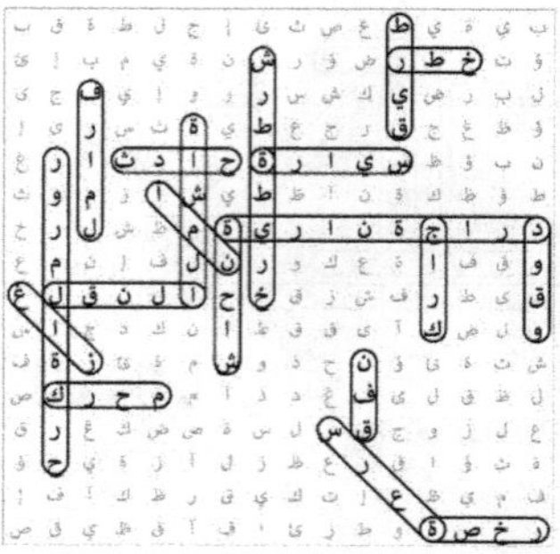

73 - Plantes

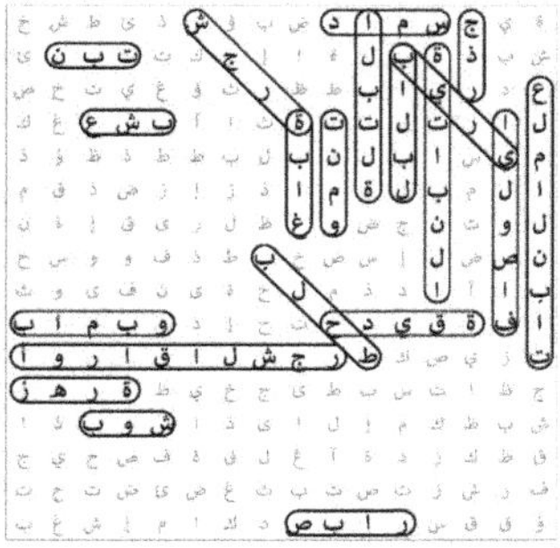

74 - Ferme #2

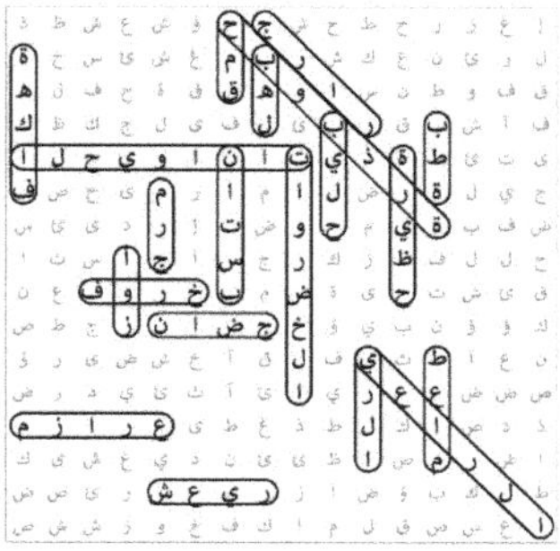

75 - Vacances #2

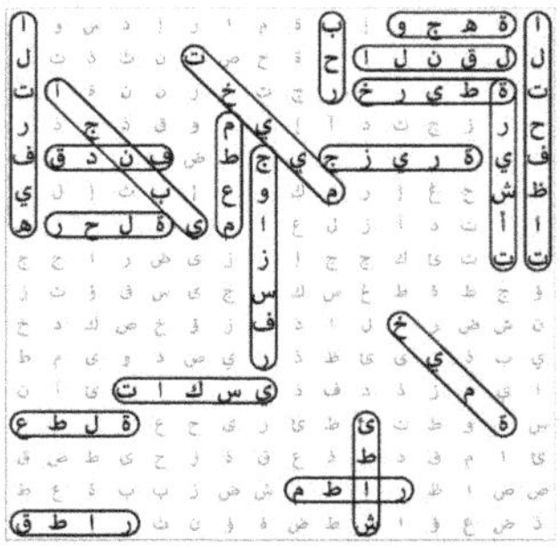

76 - Éthique

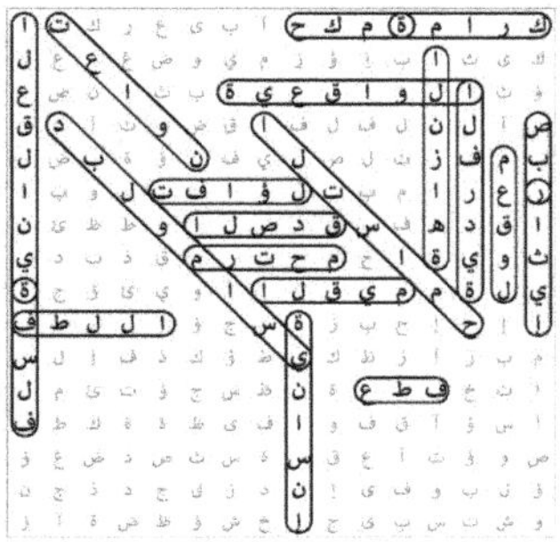

77 - Temps

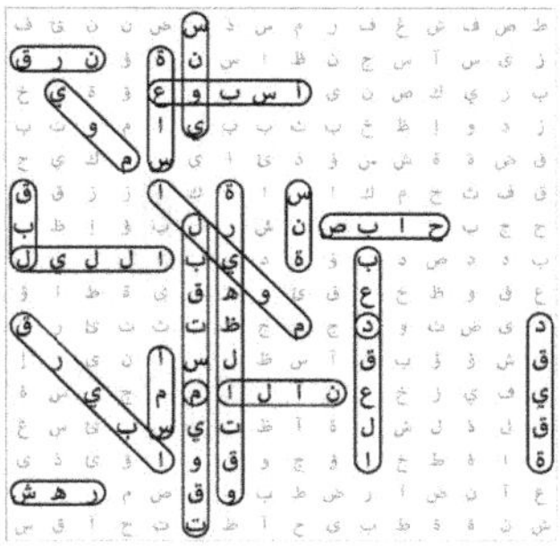

78 - Maison

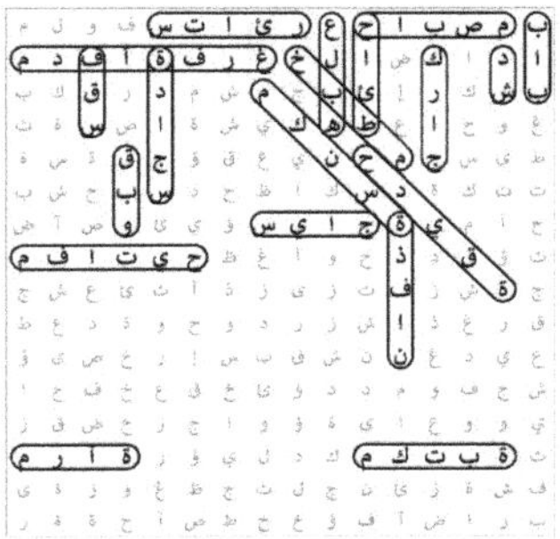

79 - Légumes

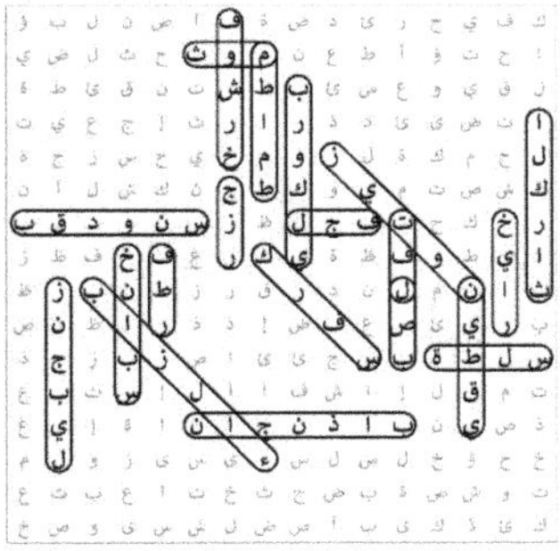

80 - Famille

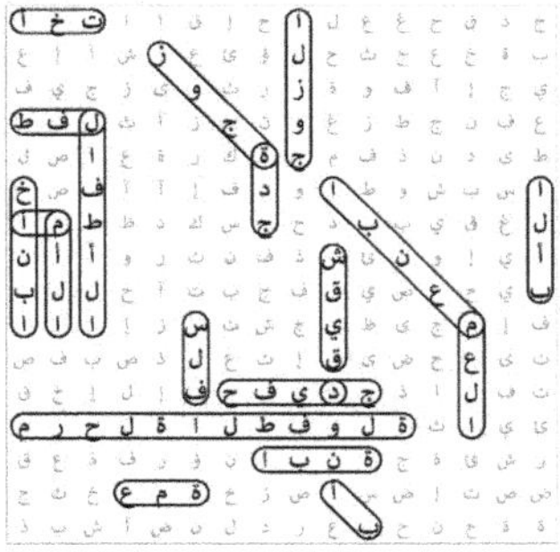

81 - Oiseaux

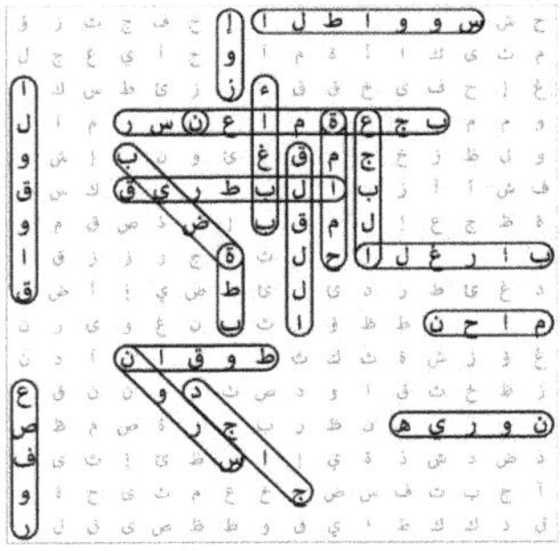

82 - Disciplines Scientifiques

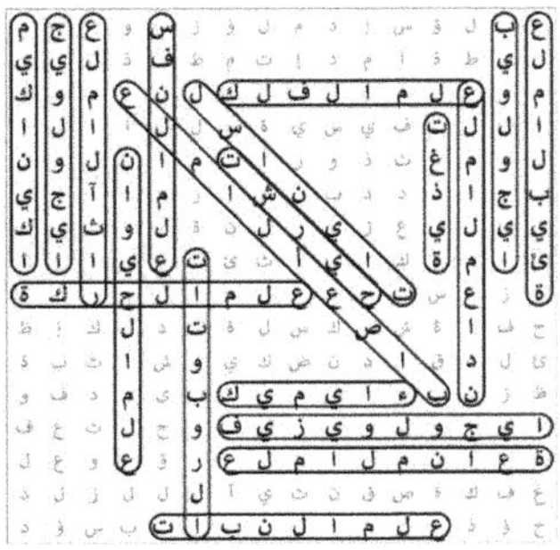

83 - Maladie

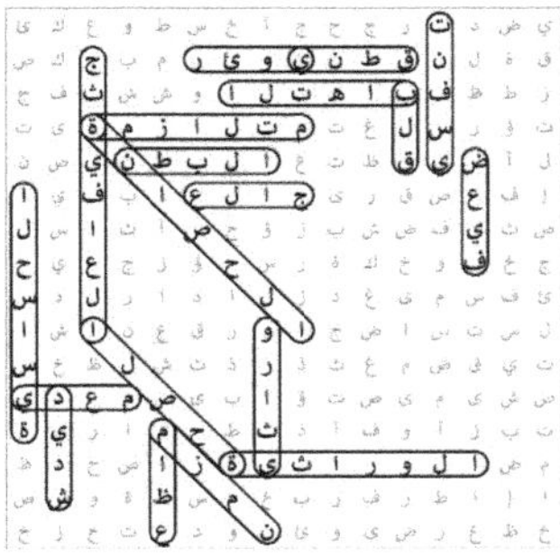

84 - Univers

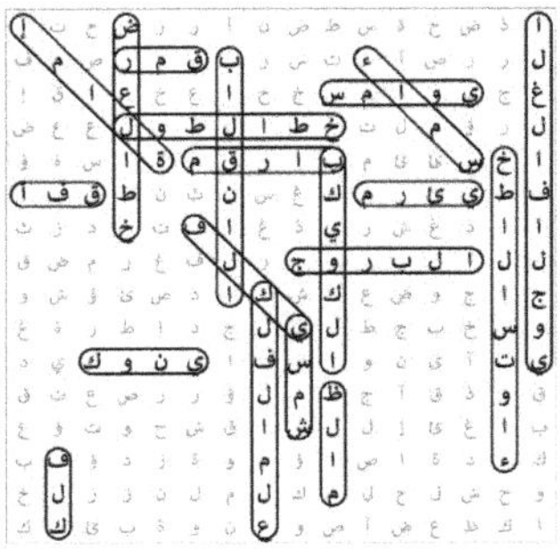

85 - Géographie

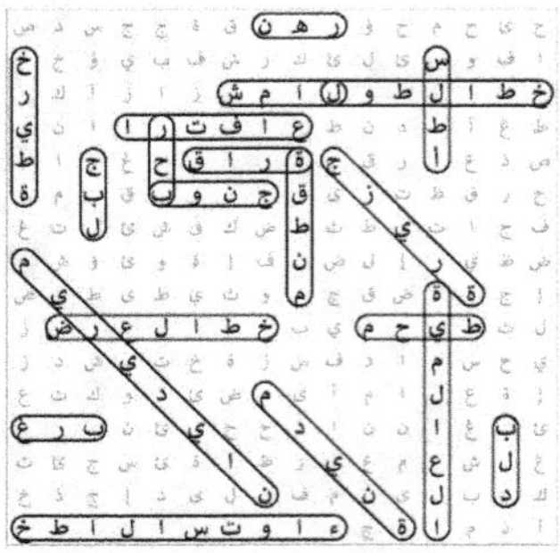

86 - Danse

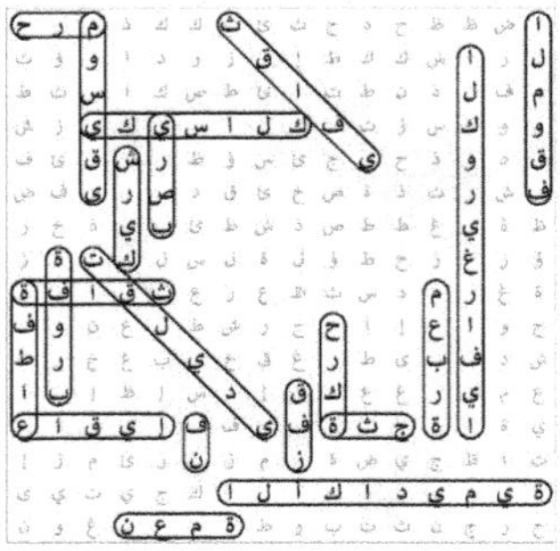

87 - Bâtiments

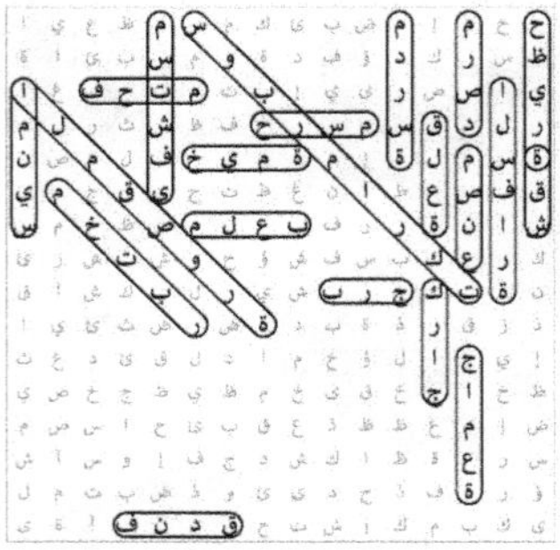

88 - Activités et Loisirs

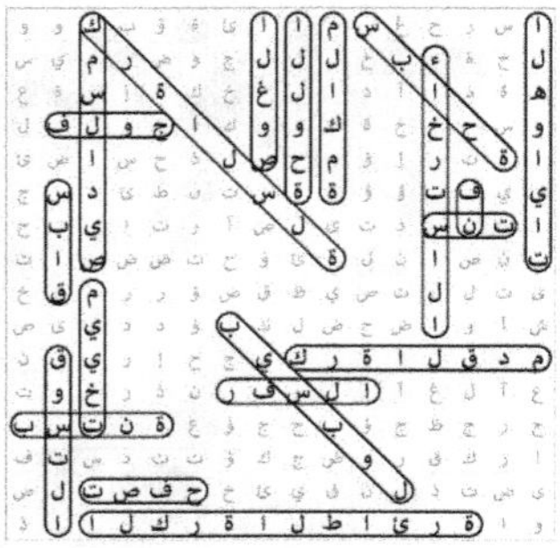

89 - Livres

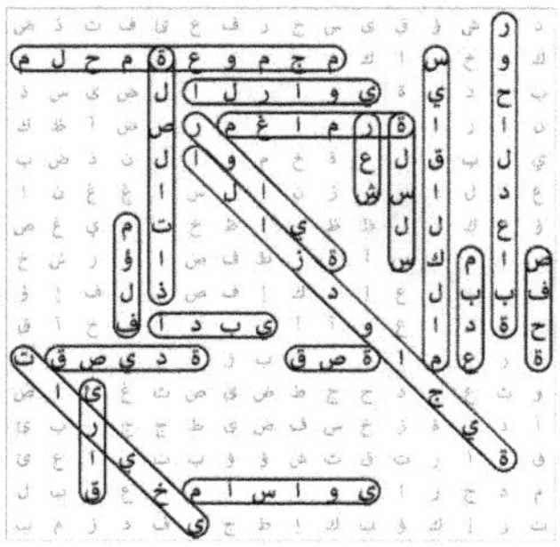

90 - Pays #2

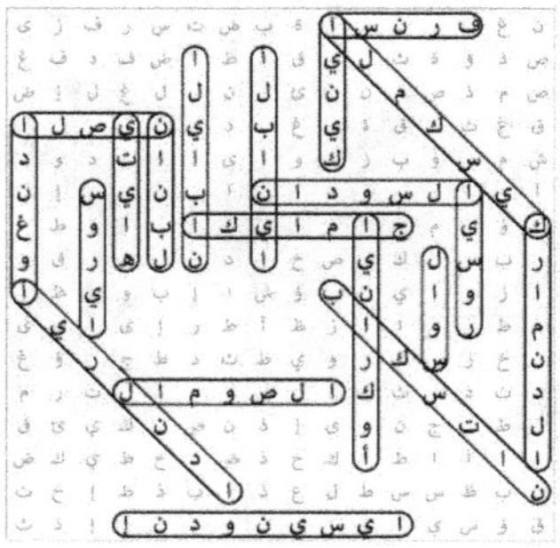

91 - Fournitures d'Art

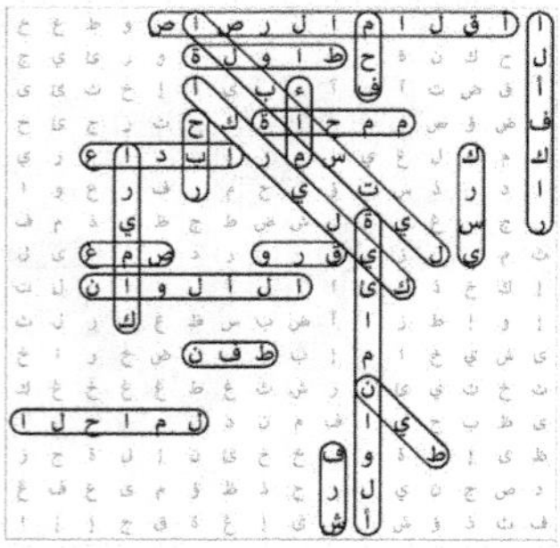

92 - Jazz

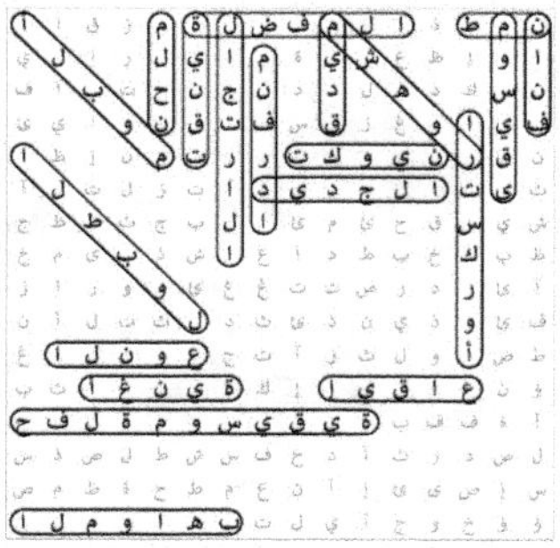

93 - Paysages

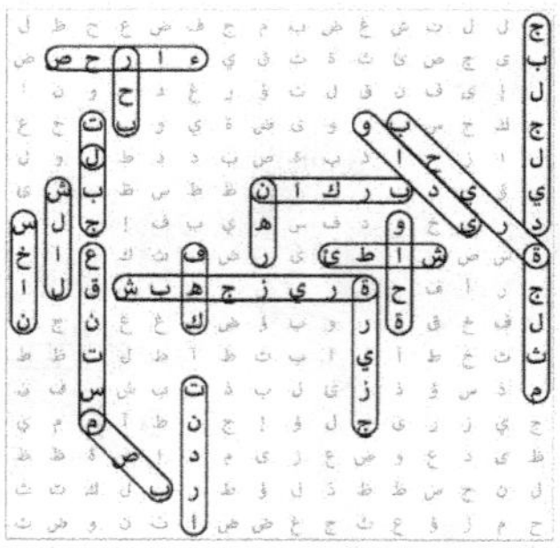

94 - Pays #1

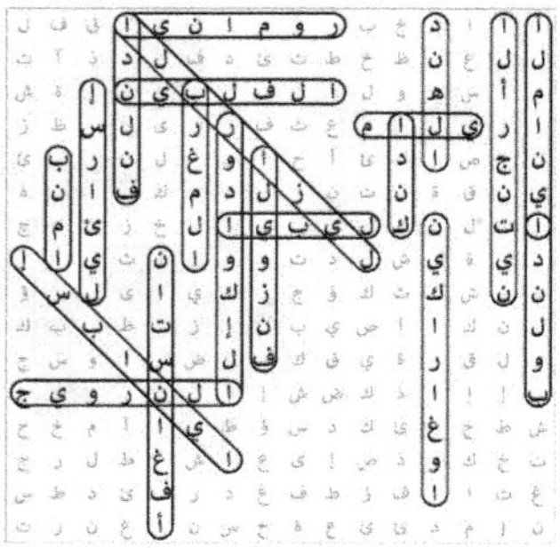

95 - Nombres

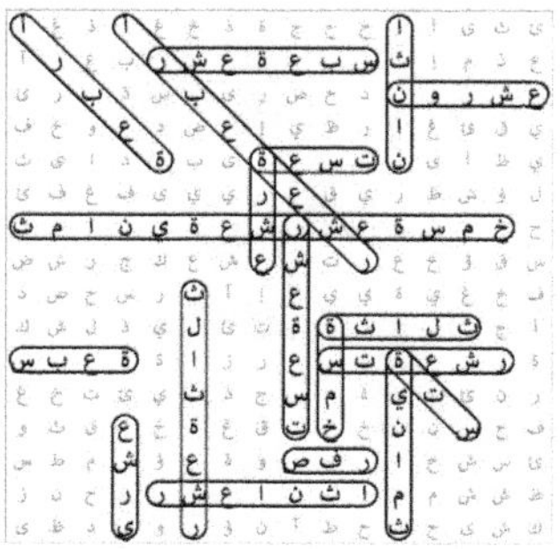

96 - Psychologie

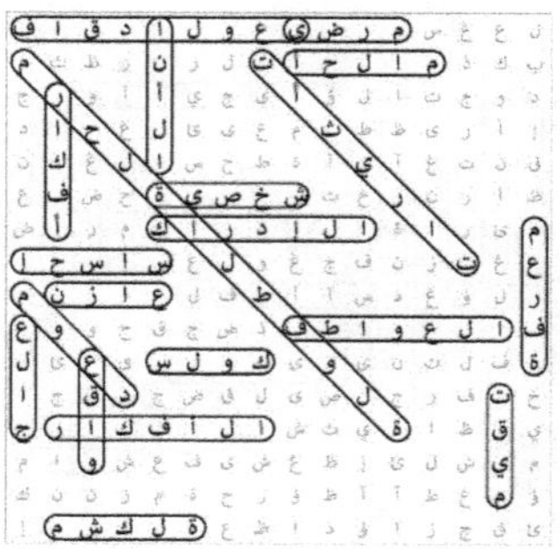

97 - Nature

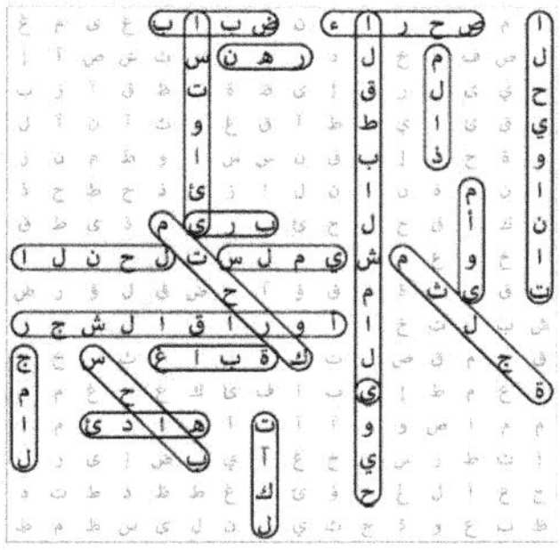

98 - Chimie

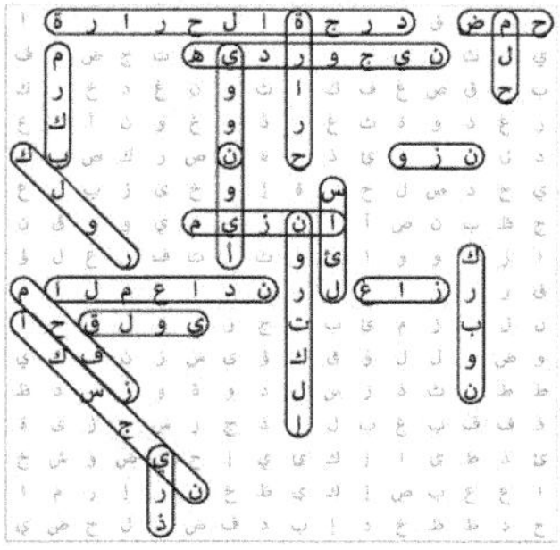

99 - Bateaux

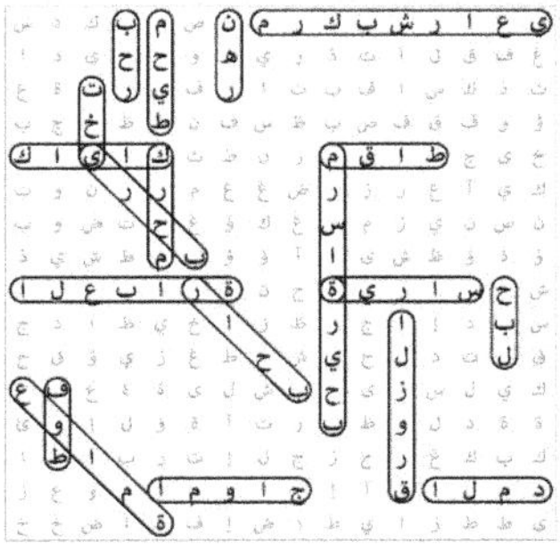

100 - Mesures

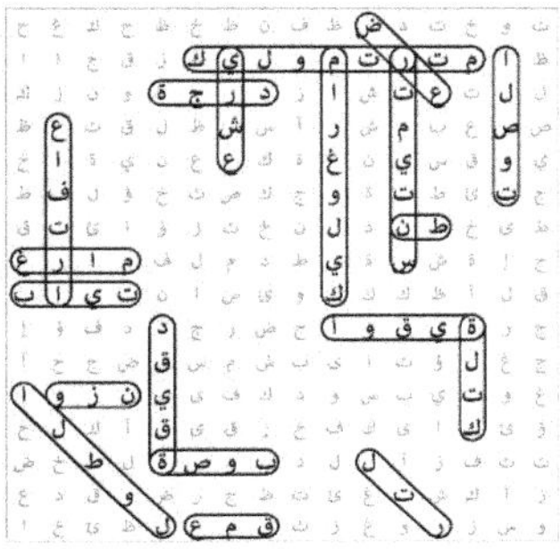

Dictionnaire

Activités
الأنشطة

Activité	نشاط
Art	فن
Artisanat	الحرف
Camping	تخييم
Chasse	الصيد
Compétence	مهارة
Couture	خياطة
Danse	الرقص
Intérêts	المصالح
Jardinage	بستنة
Jeux	ألعاب
Lecture	قراءة
Loisir	الترفيه
Magie	سحر
Peinture	اللوحة
Pêche	صيد السمك
Photographie	تصوير
Plaisir	متعة
Relaxation	استرخاء
Tricot	الحياكة

Activités et Loisirs
الأنشطة والترفيه

Achats	التسوق
Art	فن
Base-Ball	بيسبول
Basket-Ball	كرة السلة
Boxe	ملاكمة
Camping	تخييم
Course	سباق
Football	كرة القدم
Golf	جولف
Jardinage	بستنة
Nager	سباحة
Passe-Temps	الهوايات
Peinture	اللوحة
Pêche	صيد السمك
Plongée	الغوص
Relaxant	الاسترخاء
Surf	تصفح
Tennis	تنس
Volley-Ball	الكرة الطائرة
Voyage	السفر

Adjectifs #1
الصفات #1

Absolu	مطلق
Actif	نشط
Ambitieux	طموح
Aromatique	عطري
Artistique	فني
Attractif	جذاب
Beau	جميل
Exotique	غريب
Énorme	ضخم
Généreux	كريم
Honnête	صادق
Identique	مطابق
Important	مهم
Innocent	البريء
Jeune	شاب
Lent	بطيء
Lourd	ثقيل
Mince	رقيق
Moderne	حديث
Parfait	كامل

Adjectifs #2
الصفات #2

Authentique	أصلي
Célèbre	مشهور
Créatif	خلاق
Descriptif	وصفي
Doué	موهوب
Dramatique	دراماتيكي
Élégant	أنيق
Fier	فخور
Fort	قوي
Intéressant	مشوق
Naturel	طبيعي
Nouveau	الجديد
Productif	إنتاجي
Pur	نقي
Responsable	مسؤول
Sain	صحي
Salé	مالح
Sauvage	بري
Sec	جاف
Somnolent	نعسان

Agronomie
الهندسة الزراعية

Agriculture	زراعة
Croissance	نمو
Eau	ماء
Engrais	سماد
Environnement	بيئة
Écologie	علم البيئة
Énergie	طاقة
Érosion	تآكل
Étude	دراسة
Graines	بذور
Identification	هوية
Légumes	خضروات
Maladies	الأمراض
Nourriture	طعام
Pollution	التلوث
Production	إنتاج
Recherche	بحث
Rural	قروي
Science	علم
Systèmes	الأنظمة

Algèbre
الجبر

Diagramme	رسم بياني
Exposant	أس
Équation	معادلة
Facteur	عامل
Faux	خطأ
Fraction	جزء
Graphique	الرسم البياني
Infini	لانهائي
Linéaire	خطي
Matrice	مصفوفة
Nombre	رقم
Parenthèse	قوس
Problème	مشكلة
Quantité	كمية
Simplifier	تبسيط
Solution	حل
Somme	مجموع
Soustraction	الطرح
Variable	متغير
Zéro	صفر

Antarctique
القارة القطبية الجنوبية

Baie	خليج
Baleines	الحيتان
Chercheur	باحث
Conservation	الحفظ
Continent	قارة
Eau	ماء
Environnement	بيئة
Expédition	البعثة
Géographie	جغرافية
Glace	جليد
Îles	الجزر
Migration	هجرة
Minéraux	المعادن
Nuage	سحاب
Oiseaux	الطيور
Péninsule	شبه جزيرة
Rocheux	صخري
Scientifique	علمي
Température	درجة الحرارة
Topographie	طبوغرافيا

Antiquités
التحف

Art	فن
Authentique	أصلي
Bijoux	مجوهرات
Décoratif	ديكور
Enchères	مزاد علني
Élégant	أنيق
Galerie	معرض
Inhabituel	غير عادي
Investissement	استثمار
Meubles	أثاث
Peintures	لوحات
Pièces	عملات معدنية
Prix	ثمن
Qualité	جودة
Restauration	استعادة
Sculpture	النحت
Siècle	قرن
Style	نمط
Valeur	القيمة
Vieux	قديم

Archéologie
علم الآثار

Analyse	تحليل
Années	سنوات
Chercheur	باحث
Civilisation	الحضارة
Descendant	سليل
Expert	خبير
Ère	عصر
Équipe	فريق
Évaluation	تقييم
Fossile	حفرية
Inconnu	غير معروف
Mystère	لغز
Objets	الكائنات
Os	عظام
Oublié	منسي
Poterie	فخار
Professeur	أستاذ
Relique	بقايا
Temple	معبد
Tombe	قبر

Art
الفن

Céramique	سيراميك
Complexe	مركب
Composition	تكوين
Dépeindre	تصوير
Expression	التعبير
Figure	الشكل
Honnête	صادق
Humeur	مزاج
Inspiré	ملهم
Original	أصلي
Peintures	لوحات
Personnel	شخصي
Poésie	شعر
Sculpture	النحت
Simple	بسيط
Sujet	موضوع
Surréalisme	السريالية
Symbole	رمز
Visuel	بصري

Astronomie
علم الفلك

Astéroïde	الكويكب
Astronaute	رائد فضاء
Astronome	فلكي
Ciel	سماء
Constellation	كوكبة
Cosmos	عالم
Éclipse	كسوف
Équinoxe	الاعتدال
Fusée	صاروخ
Lune	قمر
Météore	نيزك
Nébuleuse	سديم
Observatoire	مرصد
Planète	كوكب
Radiation	إشعاع
Solaire	شمسي
Supernova	سوبرنوفا
Terre	أرض
Télescope	مقراب
Univers	كون

Aventure
مغامرة

Activité	نشاط
Beauté	جمال
Bravoure	شجاعة
Chance	صدفة
Dangereux	خطير
Destination	وجهة
Défis	التحديات
Difficulté	صعوبة
Enthousiasme	حماس
Excursion	انحراف
Inhabituel	غير عادي
Itinéraire	مسار الرحلة
Joie	مرح
Nature	طبيعة
Navigation	الملاحة
Nouveau	الجديد
Préparation	تحضير
Sécurité	أمن
Surprenant	مفاجأة
Voyages	السفر

Avions
اطلائرات

Air	ءاوه
Atmosphère	الغلاف الجوي
Atterrissage	طوبه
Aventure	ةرماغم
Ballon	نولاب
Carburant	دوقو
Ciel	ءامس
Construction	ءانب
Descente	لصا
Direction	اتجاه
Équipage	مقاط
Gonfler	مخضت
Hauteur	اعافترا
Hélices	حوارم
Histoire	التاريخ
Hydrogène	نيجورديه
Moteur	كرحم
Passager	بكار
Pilote	طيار
Turbulence	بارطضا

Ballet
باليه

Applaudissement	قيفصت
Artistique	فني
Chorégraphie	الكوريغرافيا
Compétence	ةراهم
Compositeur	نحلم
Danseurs	الراقصات
Expressif	ةربعم
Geste	ةتفل
Intensité	ةدش
Leçons	الدروس
Muscles	تالضع
Musique	ىقيسوم
Orchestre	اوركسترا
Public	الجمهور
Répétition	ةفورب
Rythme	إيقاع
Solo	ادرفنم
Style	طمن
Technique	ةينقت

Barbecues
حفلات الشواء

Chaud	راح
Couteaux	سكاكين
Déjeuner	ءادغ
Dîner	ءاشع
Enfants	الأطفال
Été	فيص
Faim	عوج
Famille	ةرسأ
Fruit	ةهكاف
Gril	ةياوش
Jeux	ألعاب
Légumes	تاورضخ
Musique	ىقيسوم
Oignons	لصب
Poivre	لفلف
Poulet	جاجد
Salades	السلطات
Sauce	ةصلص
Sel	حلم
Tomates	مطامط

Bateaux
القوارب

Ancre	ةاسرم
Bouée	ةماوع
Canoë	الزورق
Corde	لبح
Équipage	مقاط
Ferry	العبارة
Fleuve	رهن
Kayak	كاياك
Lac	ةريحب
Marée	المد
Marin	راحب
Mât	ةيراس
Mer	رحب
Moteur	كرحم
Nautique	يرحب
Océan	طيحم
Radeau	فوط
Vagues	أمواج
Voilier	يعارش بكرم
Yacht	يخت

Bâtiments
المباني

Ambassade	السفارة
Appartement	ةقش
Cabine	المقصورة
Château	ةعلق
Cinéma	امنيس
École	ةسردم
Garage	جارك
Grange	ةريظح
Hôpital	ىفشتسم
Hôtel	قدنف
Laboratoire	ربتخم
Musée	فحتم
Observatoire	دصرم
Stade	بعلم
Supermarché	تكرام ربوس
Tente	ةميخ
Théâtre	حرسم
Tour	جرب
Université	ةعماج
Usine	عنصم

Beauté
بيوتي

Boucles	تجعيد الشعر
Charme	رحس
Ciseaux	صقم
Couleur	اللون
Élégance	أناقة
Élégant	أنيق
Grâce	ةمعن
Huiles	تويز
Lisse	ناعم
Maquillage	جاكيام
Mascara	اراكسام
Miroir	ةآرم
Parfum	روطع
Peau	دلج
Photogénique	قيقر
Produits	تاجتنم
Rouge à Lèvres	أحمر الشفاه
Services	تامدخ
Shampooing	وبماش
Styliste	حلاق

Biologie
علم الأحياء

Anatomie	تشريح
Bactéries	بكتيريا
Cellule	خلية
Chromosome	كروموسوم
Collagène	الكولاجين
Embryon	جنين
Enzyme	انزيم
Évolution	تطور
Hormone	هرمون
Mammifère	الثدييات
Mutation	طفرة
Naturel	طبيعي
Nerf	عصب
Neurone	عصبون
Osmose	تناضح
Protéine	بروتين
Reptile	الزواحف
Respiration	التنفس
Symbiose	تكافل
Synapse	المشبك

Camping
عسكرة

Animaux	الحيوانات
Aventure	مغامرة
Boussole	بوصلة
Cabine	المقصورة
Canoë	الزورق
Carte	خريطة
Chapeau	قبعة
Chasse	الصيد
Corde	حبل
Équipement	معدات
Feu	نار
Forêt	غابة
Hamac	أرجوحة
Insecte	حشرة
Lac	بحيرة
Lanterne	فانوس
Lune	قمر
Montagne	جبل
Nature	طبيعة
Tente	خيمة

Chimie
كيمياء

Acide	حمض
Alcalin	قلوي
Atomique	ذري
Carbone	كربون
Catalyseur	محفز
Chaleur	حرارة
Chlore	كلور
Enzyme	انزيم
Électron	إلكترون
Gaz	غاز
Hydrogène	هيدروجين
Ion	أيون
Liquide	سائل
Métaux	المعادن
Molécule	مركب
Nucléaire	نووي
Oxygène	أكسجين
Poids	وزن
Sel	ملح
Température	درجة الحرارة

Conduite
القيادة

Accident	حادث
Camion	شاحنة
Carburant	وقود
Carte	خريطة
Danger	خطر
Freins	فرامل
Garage	كراج
Gaz	غاز
Licence	رخصة
Moteur	محرك
Moto	دراجة نارية
Piéton	المشاة
Police	شرطة
Route	طريق
Sécurité	أمن
Trafic	حركة المرور
Transport	النقل
Tunnel	نفق
Vitesse	سرعة
Voiture	سيارة

Corps Humain
جسم الإنسان

Bouche	فم
Cerveau	دماغ
Cheville	كاحل
Cou	رقبة
Coude	كوع
Cœur	قلب
Doigt	إصبع
Estomac	المعدة
Épaule	كتف
Genou	ركبة
Lèvres	الشفاه
Main	يد
Mâchoire	فك
Menton	ذقن
Nez	أنف
Oreille	أذن
Peau	جلد
Sang	دم
Tête	رئيس
Visage	وجه

Créativité
الإبداع

Artistique	فني
Authenticité	أصالة
Clarté	وضوح
Compétence	مهارة
Dramatique	دراماتيكي
Expression	التعبير
Émotions	العواطف
Fluidité	سيولة
Idées	الأفكار
Image	صورة
Imagination	خيال
Impression	انطباع
Inspiration	الإلهام
Intensité	شدة
Intuition	الحدس
Inventif	مبدع
Sensation	إحساس
Spontané	عفوية
Visions	الرؤى
Vitalité	حيوية

Cuisine
خبطم

Baguettes	عيدان
Bol	وعاء
Bouilloire	غلاية
Congélateur	مجمد
Couteaux	سكاكين
Cruche	إبريق
Cuillères	ملاعق
Épices	توابل
Éponge	إسفنج
Four	فرن
Fourchettes	الشوك
Gril	شواية
Louche	مغرفة
Nourriture	طعام
Pot	جرة
Recette	وصفة
Réfrigérateur	ثلاجة
Serviette	منديل
Tablier	مئزر
Tasses	أكواب

Danse
الرقص

Académie	الأكاديمية
Art	فن
Chorégraphie	الكوريغرافيا
Classique	كلاسيكي
Corps	جثة
Culture	ثقافة
Culturel	ثقافي
Expressif	معبرة
Émotion	عاطفة
Grâce	نعمة
Joyeux	مرح
Mouvement	حركة
Musique	موسيقى
Partenaire	شريك
Posture	الموقف
Répétition	بروفة
Rythme	إيقاع
Saut	قفز
Traditionnel	تقليدي
Visuel	بصري

Diplomatie
الدبلوماسية

Ambassade	السفارة
Ambassadeur	سفير
Citoyens	المواطنون
Communauté	ملة
Conflit	نزاع
Conseiller	مستشار
Coopération	تعاون
Diplomatique	دبلوماسي
Discussion	نقاش
Éthique	أخلاق
Étranger	أجنبي
Gouvernement	حكومة
Humanitaire	إنساني
Intégrité	النزاهة
Justice	عدالة
Politique	سياسة
Résolution	القرار
Sécurité	أمن
Solution	حل
Traité	معاهدة

Disciplines Scientifiques
التخصصات العلمية

Anatomie	تشريح
Archéologie	علم الآثار
Astronomie	علم الفلك
Biologie	بيولوجيا
Botanique	علم النبات
Chimie	كيمياء
Écologie	علم البيئة
Géologie	جيولوجيا
Immunologie	علم المناعة
Kinésiologie	علم الحركة
Linguistique	لسانيات
Mécanique	الميكانيك
Minéralogie	علم المعادن
Neurologie	علم الأعصاب
Nutrition	تغذية
Physiologie	فيزيولوجيا
Psychologie	علم النفس
Robotique	الروبوتات
Sociologie	علم الاجتماع
Zoologie	علم الحيوان

Entreprise
الأعمال

Argent	مال
Boutique	متجر
Budget	ميزانية
Bureau	مكتب
Carrière	مهنة
Coût	التكلفة
Devise	عملة
Employeur	صاحب العمل
Employé	موظف
Entreprise	شركة
Économie	الاقتصاد
Finance	المالية
Impôts	الضرائب
Investissement	استثمار
Marchandise	بضائع
Profit	ربح
Revenu	الإيرادات
Transaction	عملية تجارية
Usine	مصنع
Vente	بيع

Échecs
شطرنج

Adversaire	الخصم
Apprendre	يتعلم
Blanc	أبيض
Champion	بطل
Concours	منافسة
Défis	التحديات
Diagonal	قطري
Intelligent	ذكي
Jeu	لعبة
Joueur	لاعب
Noir	أسود
Passif	مبني للمجهول
Points	النقاط
Reine	ملكة
Règles	قواعد
Roi	ملك
Sacrifice	تضحية
Stratégie	استراتيجية
Temps	الوقت
Tournoi	مسابقة

Écologie
علم البيئة

Bénévoles	المتطوعون
Climat	مناخ
Communautés	مجتمعات
Diversité	تنوع
Durable	مستدام
Espèce	الأنواع
Faune	الحيوانات
Flore	النباتية
Habitat	الموئل
Marais	اهوار
Marin	البحرية
Montagnes	الجبال
Nature	طبيعة
Naturel	طبيعي
Plantes	نباتات
Ressources	الموارد
Sécheresse	جفاف
Survie	نجاة
Variété	نوع
Végétation	نبت

Énergie
الطاقة

Batterie	البطارية
Carbone	كربون
Carburant	وقود
Chaleur	حرارة
Diesel	ديزل
Entropie	غير قادر علي
Environnement	بيئة
Essence	بنزين
Électrique	كهربائي
Électron	إلكترون
Hydrogène	هيدروجين
Industrie	صناعة
Moteur	محرك
Nucléaire	نووي
Photon	فوتون
Pollution	التلوث
Renouvelable	قابل للتجديد
Soleil	شمس
Turbine	التوربينات
Vent	ريح

Épices
التوابل

Aigre	حامض
Ail	ثوم
Amer	مر
Anis	اليانسون
Cannelle	قرفة
Cardamome	حب الهال
Coriandre	كزبرة
Cumin	كمون
Curry	كاري
Fenouil	الشمرة
Gingembre	زنجبيل
Muscade	جوزة الطيب
Oignon	بصل
Paprika	فلفل أحمر
Poivre	فلفل
Réglisse	عرق السوس
Safran	زعفران
Saveur	نكهة
Sel	ملح
Vanille	الفانيل

Éthique
الأخلاق

Altruisme	إيثار
Compassion	عطف
Coopération	تعاون
Dignité	كرامة
Diplomatique	دبلوماسي
Gentillesse	اللطف
Honnêteté	الصدق
Humanité	إنسانية
Individualisme	الفردية
Intégrité	النزاهة
Optimisme	تفاؤل
Patience	صبر
Philosophie	فلسفة
Raisonnable	معقول
Rationalité	العقلانية
Respectueux	محترم
Réalisme	الواقعية
Sagesse	حكمة
Tolérance	التسامح
Valeurs	القيم

Famille
عائلة

Ancêtre	سلف
Cousin	ابن عم
Enfance	مرحلة الطفولة
Enfant	طفل
Enfants	الأطفال
Femme	زوجة
Fille	ابنة
Frère	شقيق
Grand-Mère	جدة
Grand-Père	جد
Mari	الزوج
Maternel	الأم
Mère	أم
Neveu	ابن أخ
Oncle	العم
Paternel	الأب
Petit-Fils	حفيد
Père	أب
Soeur	أخت
Tante	عمة

Ferme #1
مزرعة #1

Abeille	نحلة
Agriculture	زراعة
Âne	حمار
Bison	الثور
Champ	حقل
Chat	قط
Cheval	حصان
Chèvre	ماعز
Chien	كلب
Clôture	سياج
Corbeau	غراب
Eau	ماء
Engrais	سماد
Foin	تبن
Miel	عسل
Poulet	دجاج
Riz	أرز
Troupeau	قطيع
Vache	بقرة
Veau	عجل

Ferme #2
مزرعة #2

Agriculteur	مزارع
Animaux	الحيوانات
Berger	الراعي
Blé	قمح
Canard	بطة
Fruit	فاكهة
Grange	حظيرة
Irrigation	الري
Lait	حليب
Lama	لهب
Légume	الخضروات
Maïs	حبوب ذرة
Mouton	خروف
Mûr	ناضج
Nourriture	طعام
Oies	أوز
Orge	شعير
Pré	مرج
Tracteur	جرار
Verger	بستان

Fleurs
زهور

Bouquet	باقة أزهار
Gardénia	جاردينيا
Hibiscus	الكركديه
Jasmin	ياسمين
Jonquille	النرجس البري
Lavande	خزامى
Lilas	أرجواني
Lys	زنبق
Magnolia	ماغنوليا
Marguerite	ديزي
Orchidée	السحلب
Passiflore	زهرة العاطفة
Pavot	الخشخاش
Pétale	البتلة
Pissenlit	الهندباء
Pivoine	الفاوانيا
Rose	وردة
Tournesol	عباد الشمس
Trèfle	نفل
Tulipe	توليب

Force et Gravité
القوة والجاذبية

Axe	محور
Centre	المركز
Découverte	اكتشاف
Distance	بون
Dynamique	متحرك
Expansion	توسع
Friction	احتكاك
Impact	تأثير
Magnétisme	المغناطيسية
Mécanique	الميكانيكا
Mouvement	حركة
Orbite	فلك
Physique	الفيزياء
Planètes	الكواكب
Poids	وزن
Pression	ضغط
Propriétés	خصائص
Temps	الوقت
Universel	عالمي
Vitesse	سرعة

Forêt Tropicale
الغابات المطيرة

Amphibiens	البرمائيات
Botanique	نباتي
Climat	مناخ
Communauté	ملة
Diversité	تنوع
Espèce	الأنواع
Indigène	أصلي
Insectes	الحشرات
Jungle	الغابة
Mammifères	الثدييات
Mousse	طحلب
Nature	طبيعة
Nuage	سحاب
Oiseaux	الطيور
Précieux	ذو قيمة
Préservation	حفظ
Refuge	ملجأ
Respect	احترام
Restauration	استعادة
Survie	نجاة

Fournitures d'Art
لوازم الفن

Acrylique	أكريليك
Aquarelles	ألوان مائية
Argile	طين
Brosses	فرش
Caméra	كاميرا
Chaise	كرسي
Charbon	فحم
Chevalet	الحامل
Colle	صمغ
Couleurs	الألوان
Crayons	أقلام الرصاص
Créativité	إبداع
Eau	ماء
Encre	حبر
Gomme	ممحاة
Huile	نفط
Idées	الأفكار
Papier	ورق
Pastels	الباستيل
Table	طاولة

Fruit
فاكهة

Abricot	مشمش
Ananas	أناناس
Avocat	أفوكادو
Baie	بيري
Banane	موز
Cantaloup	الشمام
Cerise	كرز
Citron	ليمون
Figue	تين
Framboise	توت العليق
Kiwi	كيوي
Mangue	مانجو
Melon	شمام
Orange	برتقالي
Papaye	بابايا
Pêche	خوخ
Poire	كمثرى
Pomme	تفاح
Prune	برقوق
Raisin	عنب

Géographie
الجغرافيا

Altitude	ارتفاع
Atlas	أطلس
Carte	خريطة
Continent	قارة
Équateur	خط الاستواء
Fleuve	نهر
Île	جزيرة
Latitude	خط العرض
Longitude	خط الطول
Mer	بحر
Méridien	ميريديان
Monde	العالمية
Montagne	جبل
Nord	الشمال
Océan	محيط
Ouest	غرب
Pays	بلد
Région	منطقة
Sud	جنوب
Ville	مدينة

Géologie
جيولوجيا

Acide	حمض
Calcium	الكالسيوم
Caverne	كهف
Continent	قارة
Corail	المرجان
Couche	طبقة
Cristaux	بلورات
Érosion	تآكل
Fondu	مولتن
Fossile	حفرية
Geyser	سخان
Lave	الحمم
Minéraux	المعادن
Pierre	حجر
Plateau	هضبة
Quartz	مرو
Sel	ملح
Stalagmites	الصواعد
Volcan	بركان
Zone	منطقة

Géométrie
الهندسة

Angle	زاوية
Calcul	حساب
Cercle	دائرة
Courbe	منحنى
Diamètre	قطر
Dimension	البعد
Équation	معادلة
Hauteur	ارتفاع
Logique	منطق
Masse	كتلة
Médian	الوسيط
Nombre	رقم
Parallèle	مواز
Proportion	نسبة
Segment	قطعة
Surface	سطح
Symétrie	تناظر
Théorie	نظرية
Triangle	مثلث
Vertical	عمودي

Gouvernement
الحكومة

Citoyenneté	المواطنة
Civil	مدني
Constitution	دستور
Démocratie	ديمقراطية
Discours	خطاب
Discussion	نقاش
Droits	حقوق
Égalité	المساواة
État	حالة
Indépendance	الاستقلال
Judiciaire	قضائي
Justice	عدالة
Liberté	حرية
Loi	قانون
Monument	نصب
Nation	أمة
National	وطني
Paisible	سلمي
Politique	سياسة
Symbole	رمز

Herboristerie
الأعشاب

Ail	ثوم
Aromatique	عطري
Basilic	ريحان
Bénéfique	مفيد
Culinaire	الطهي
Estragon	الطرخون
Fenouil	الشمرة
Fleur	زهرة
Ingrédient	العنصر
Jardin	حديقة
Lavande	خزامى
Marjolaine	مردقوش
Menthe	نعناع
Persil	بقدونس
Qualité	جودة
Romarin	إكليل الجبل
Safran	زعفران
Saveur	نكهة
Thym	زعتر
Vert	أخضر

Ingénierie
الهندسة

Angle	زاوية
Axe	محور
Calcul	حساب
Construction	بناء
Diagramme	رسم بياني
Diamètre	قطر
Diesel	ديزل
Distribution	توزيع
Engrenages	التروس
Énergie	طاقة
Force	قوة
Liquide	سائل
Machine	آلة
Mesure	قياس
Moteur	محرك
Profondeur	عمق
Propulsion	الدفع
Rotation	دوران
Stabilité	استقرار
Structure	هيكل

Insectes
تارشحلا

Abeille	ةلحن
Cafard	روصرص
Cigale	زيزلا
Coccinelle	ءاسفنخلا
Criquet	ةدارج
Fourmi	ةلمن
Frelon	روبدلا
Guêpe	روبد
Larve	ةقري
Libellule	بوسعيلا
Mante	يبنلا سرف
Moucheron	ةضوعب
Moustique	ضوعبلا
Papillon	ةشارف
Puce	ثوغرب
Puceron	نملا
Sauterelle	بدنج
Scarabée	ءاسفنخ
Termite	ةضرأ
Ver	ةدود

Instruments de Musique
ةيقيسوم تالآ

Banjo	وجنابلا
Basson	نوساب
Clarinette	رامزم
Flûte	يان
Gong	سوقان
Guitare	ةراثيق
Harmonica	اكينومراهلا
Harpe	كنج
Hautbois	رامزملا
Mandoline	نيلودنام
Marimba	ابميرام
Percussion	عرق
Piano	ونايب
Saxophone	نوفسكاس
Tambour	لبط
Tambourin	ريغص فد
Trombone	نوبمورتلا
Trompette	قوب
Violon	نامك
Violoncelle	وليشتلا

Jardin
ةقيدح

Arbre	ةرجش
Banc	دعقم
Buisson	شوب
Clôture	جايس
Étang	ةكرب
Fleur	ةرهز
Garage	جارك
Hamac	ةحوجرأ
Herbe	بشع
Jardin	ةقيدح
Mauvaises Herbes	باشعألا
Pelle	ةفرجم
Porche	قاور
Râteau	رانلا لعشأ
Sol	ةبرت
Terrasse	ةبطصم
Trampoline	نيلوبمارتلا
Tuyau	موطرخ
Verger	ناتسب
Vigne	ةمرك

Jardinage
ةنتسبلا

Botanique	يتابن
Bouquet	راهزأ ةقاب
Climat	خانم
Comestible	لكألل حلاص
Compost	دامس
Eau	ءام
Espèce	عاونألا
Exotique	بيرغ
Feuillage	رجشلا قاروأ
Feuille	ةقرو
Fleur	رهز
Floral	راهزألا
Graines	روذب
Humidité	ةبوطر
Récipient	ءاعو
Saisonnier	يمسوم
Saleté	بارتلا
Sol	ةبرت
Tuyau	موطرخ
Verger	ناتسب

Jazz
زاجلا ىقيسوم

Album	موبلأ
Artiste	نانف
Célèbre	روهشم
Chanson	ةينغأ
Compositeur	نحلم
Composition	نيوكت
Concert	ةيقيسوم ةلفح
Favoris	ةلضفملا
Genre	عونلا
Improvisation	لاجترالا
Musique	ىقيسوم
Nouveau	ديدجلا
Orchestre	ارتسكروأ
Rythme	عاقيإ
Solo	درفنم
Style	طمن
Talent	بهاوملا
Tambours	لوبطلا
Technique	ةينقت
Vieux	ميدق

Jours et Mois
رهشألاو مايألا

Août	سطسغأ
Avril	ليربأ
Calendrier	ميوقت
Dimanche	دحألا
Février	رياربف
Janvier	رياني
Jeudi	سيمخلا
Juillet	ويلوي
Juin	وينوي
Lundi	نينثالا
Mardi	ءاثالثلا
Mars	سرام
Mercredi	ءاعبرألا
Mois	رهش
Novembre	ربمفون
Octobre	ربوتكأ
Samedi	تبسلا
Semaine	عوبسأ
Septembre	ربمتبس
Vendredi	ةعمجلا

L'Entreprise
الشركة

Affaires	عمل
Créatif	خالق
Décision	رارق
Emploi	فيظوت
Global	عالمي
Industrie	صناعة
Innovant	مبتكر
Investissement	استثمار
Possibilité	إمكانية
Présentation	عرض
Produit	المنتج
Professionnel	فرتحم
Progrès	مدقت
Qualité	ةدوج
Ressources	المواردا
Revenu	إيرادات
Réputation	سمعة
Risques	المخاطر
Tendances	اتجاهات
Unités	الوحدات

Les Abeilles
النحل

Ailes	أجنحة
Bénéfique	مفيد
Cire	شمع
Diversité	تنوع
Essaim	سرب
Écosystème	النظام البيئي
Fleur	زهر
Fleurs	الزهور
Fruit	فاكهة
Fumée	دخان
Habitat	الموئل
Insecte	حشرة
Jardin	حديقة
Miel	عسل
Nourriture	طعام
Plantes	نباتات
Pollen	حاقل
Reine	ملكة
Ruche	خلية
Soleil	شمس

Les Médias
وسائل الإعلام

Attitudes	المواقف
Commercial	تجاري
Communication	الاتصالات
En Ligne	على الشبكة
Édition	الإصدار
Éducation	تعليم
Faits	حقائق
Financement	التمويل
Individuel	فرد
Industrie	صناعة
Intellectuel	الفكرية
Journaux	الصحف
Local	محلي
Numérique	رقمي
Opinion	رأي
Photos	الصور
Public	عام
Radio	راديو
Réseau	شبكة الاتصال
Télévision	تلفزيون

Légumes
خضراوات

Ail	ثوم
Artichaut	خرشوف
Aubergine	باذنجان
Brocoli	بروكلي
Carotte	جزر
Céleri	كرفس
Champignon	فطر
Citrouille	يقطين
Concombre	خيار
Échalote	الكراث
Épinard	سبانخ
Gingembre	زنجبيل
Navet	لفت
Oignon	بصل
Olive	زيتون
Persil	بقدونس
Pois	البازلاء
Radis	فجل
Salade	سلطة
Tomate	طماطم

Littérature
الأدب

Analogie	القياس
Analyse	تحليل
Anecdote	حكاية
Auteur	مؤلف
Comparaison	مقارنة
Conclusion	استنتاج
Description	وصف
Dialogue	حوار
Fiction	خيال
Métaphore	استعارة
Narrateur	الراوي
Opinion	رأي
Poème	قصيدة
Poétique	شاعري
Rime	قافية
Roman	رواية
Rythme	إيقاع
Style	نمط
Thème	موضوع
Tragédie	مأساة

Livres
كتب

Auteur	مؤلف
Aventure	مغامرة
Collection	مجموعة
Contexte	سياق الكلام
Dualité	الازدواجية
Épique	ملحمة
Histoire	قصة
Historique	تاريخي
Humoristique	روح الدعابة
Inventif	مبدع
Lecteur	قارئ
Littéraire	أدبي
Narrateur	الراوي
Page	صفحة
Pertinent	ذات الصلة
Poème	قصيدة
Poésie	شعر
Roman	رواية
Série	سلسلة
Tragique	مأساوي

Maison
منزل

Balai	مكنسة
Bibliothèque	مكتبة
Chambre	غرفة
Cheminée	مدفأة
Clés	مفاتيح
Clôture	سياج
Cuisine	مطبخ
Douche	دش
Fenêtre	نافذة
Garage	كراج
Grenier	علبه
Jardin	حديقة
Lampe	مصباح
Miroir	مرآة
Mur	حائط
Porte	باب
Rideaux	ستائر
Sous-Sol	قبو
Tapis	سجادة
Toit	سقف

Maladie
مرض

Abdominal	البطن
Aigu	شديد
Allergies	الحساسية
Bien-Être	العافية
Chronique	مزمن
Contagieux	معدي
Corps	جثة
Cœur	قلب
Faible	ضعيف
Génétique	الوراثية
Héréditaire	وراثي
Immunité	الحصانة
Inflammation	التهاب
Lombaire	قطني
Os	عظام
Pulmonaire	رئوي
Respiratoire	تنفسي
Santé	الصحة
Syndrome	متلازمة
Thérapie	علاج

Mammifères
الثدييات

Baleine	حوت
Chat	قط
Cheval	حصان
Chien	كلب
Coyote	ذئب البراري
Dauphin	دولفين
Éléphant	الفيل
Girafe	زرافة
Gorille	الغوريل
Kangourou	كنغر
Lapin	أرنب
Lion	أسد
Loup	ذئب
Mouton	خروف
Ours	يتحمل
Renard	فوكس
Singe	قرد
Taureau	ثور
Tigre	نمر
Zèbre	حمار وحشي

Mathématiques
الرياضيات

Angles	زوايا
Arithmétique	حساب
Carré	مربع
Circonférence	محيط
Degrés	درجات
Décimal	عشري
Diamètre	قطر
Exposant	أس
Équation	معادلة
Fraction	جزء
Géométrie	هندسة
Nombres	الأرقام
Parallèle	موازي
Perpendiculaire	عمودي
Polygone	مضلع
Rectangle	مستطيل
Somme	مجموع
Symétrie	تناظر
Triangle	مثلث
Volume	الصوت

Mesures
القياسات

Centimètre	سنتيمتر
Degré	درجة
Décimal	عشري
Gramme	غرام
Hauteur	ارتفاع
Kilogramme	كيلوغرام
Kilomètre	كيلومتر
Largeur	عرض
Litre	لتر
Longueur	الطول
Masse	كتلة
Mètre	متر
Minute	دقيقة
Octet	بايت
Once	أوقية
Poids	وزن
Pouce	بوصة
Profondeur	عمق
Tonne	طن
Volume	الصوت

Méditation
التأمل

Acceptation	قبول
Attention	انتباه
Calme	هدوء
Clarté	وضوح
Compassion	عطف
Émotions	العواطف
Éveillé	مستيقظ
Gentillesse	اللطف
Gratitude	شكر
Habitudes	العادات
Mental	عقلي
Mouvement	حركة
Musique	موسيقى
Nature	طبيعة
Observation	المراقبة
Paix	سلام
Perspective	المنظور
Posture	الموقف
Respiration	التنفس
Silence	الصمت

Météo
الطقس

Arc-En-Ciel	قوس قزح
Atmosphère	الغلاف الجوي
Brise	نسيم
Brouillard	الضباب
Calme	هدوء
Ciel	سماء
Climat	مناخ
Glace	جليد
Humide	رطب
Inondation	فيضان
Nuage	سحابة
Polaire	قطبي
Sec	جاف
Sécheresse	جفاف
Température	درجة الحرارة
Tempête	عاصفة
Tonnerre	الرعد
Tornade	إعصار
Tropical	استوائي
Vent	ريح

Mode
أزياء

Boutique	بوتيك
Boutons	أزرار
Broderie	تطريز
Cher	مكلفة
Confortable	مريح
Dentelle	الدانتيل
Élégant	أنيق
Mesures	قياسات
Minimaliste	الحد الأدنى
Moderne	حديث
Modeste	متواضع
Original	أصلي
Pratique	عملي
Simple	بسيط
Sophistiqué	متطور
Style	نمط
Tendance	اتجاه
Texture	نسيج
Tissu	قماش
Vêtements	ملابس

Musique
موسيقى

Album	ألبوم
Ballade	أغنية
Chanter	غنى
Chanteur	المغني
Classique	كلاسيكي
Enregistrement	تسجيل
Harmonie	انسجام
Harmonique	متناسق
Improviser	تحسين
Instrument	أداة
Lyrique	غنائية
Mélodie	لحن
Microphone	ميكروفون
Musical	موسيقي
Opéra	أوبرا
Poétique	شاعري
Rythme	إيقاع
Rythmique	إيقاعي
Tempo	الإيقاع
Vocal	صوتي

Mythologie
الميثولوجيا

Catastrophe	كارثة
Comportement	سلوك
Création	خلق
Créature	مخلوق
Croyances	المعتقدات
Culture	ثقافة
Éclair	برق
Force	قوة
Guerrier	محارب
Héroïne	بطلة
Héros	بطل
Immortalité	خلود
Jalousie	الغيرة
Labyrinthe	متاهة
Légende	أسطورة
Magique	سحري
Monstre	مسخ
Mortel	مميت
Tonnerre	رعد
Vengeance	انتقام

Nature
الطبيعة

Abeilles	النحل
Abri	مأوى
Animaux	الحيوانات
Arctique	القطب الشمالي
Beauté	جمال
Brouillard	ضباب
Désert	صحراء
Dynamique	متحرك
Érosion	تآكل
Feuillage	أوراق الشجر
Fleuve	نهر
Forêt	غابة
Glacier	مثلجة
Nuage	سحاب
Paisible	سلمي
Sanctuaire	ملاذ
Sauvage	بري
Serein	هادئ
Tropical	استوائي
Vital	حيوي

Nombres
أرقام

Cinq	خمسة
Deux	اثنان
Décimal	عشري
Dix	عشرة
Dix-Huit	ثمانية عشر
Dix-Neuf	تسعة عشر
Dix-Sept	سبعة عشر
Douze	اثنا عشر
Huit	ثمانية
Neuf	تسعة
Quatorze	أربعة عشر
Quatre	أربعة
Quinze	خمسة عشر
Seize	ستة عشر
Sept	سبعة
Six	ستة
Treize	ثلاثة عشر
Trois	ثلاثة
Vingt	عشرون
Zéro	صفر

Nourriture #1
الغذاء #1

Ail	ثوم
Basilic	ريحان
Café	قهوة
Cannelle	قرفة
Carotte	جزر
Citron	ليمون
Épinard	سبانخ
Fraise	فراولة
Jus	عصير
Lait	حليب
Navet	لفت
Oignon	بصل
Orge	شعير
Poire	كمثرى
Salade	سلطة
Sel	ملح
Soupe	حساء
Sucre	السكر
Thon	تونة
Viande	لحم

Nourriture #2
الغذاء #2

Amande	لوز
Aubergine	باذنجان
Banane	موز
Blé	قمح
Brocoli	بروكلي
Cerise	كرز
Céleri	كرفس
Champignon	فطر
Chocolat	شوكولاتة
Jambon	لحم الخنزير
Kiwi	كيوي
Mangue	مانجو
Oeuf	بيضة
Pain	خبز
Poisson	سمك
Pomme	تفاح
Poulet	دجاج
Raisin	عنب
Riz	أرز
Tomate	طماطم

Nutrition
التغذية

Amer	مر
Appétit	شهية
Comestible	صالح للأكل
Diète	حمية
Digestion	هضم
Épices	توابل
Équilibré	متوازن
Fermentation	تخمير
Glucides	الكربوهيدرات
Ingrédients	مكونات
Liquides	سوائل
Poids	وزن
Protéines	البروتينات
Qualité	جودة
Sain	صحي
Santé	الصحة
Sauce	صلصة
Saveur	نكهة
Toxine	سم
Vitamine	فيتامين

Océan
محيط

Algue	الطحالب
Anguille	ثعبان
Baleine	حوت
Bateau	قارب
Corail	المرجان
Crabe	سرطان
Crevette	جمبري
Dauphin	دولفين
Éponge	إسفنج
Huître	محار
Marées	المد والجزر
Méduse	قنديل البحر
Poisson	سمك
Poulpe	أخطبوط
Requin	قرش
Sel	ملح
Tempête	عاصفة
Thon	تونة
Tortue	سلحفاة
Vagues	أمواج

Oiseaux
الطيور

Aigle	نسر
Autruche	نعامة
Canard	بطة
Cigogne	اللقلق
Colombe	حمامة
Corbeau	الغراب
Coucou	الوقواق
Cygne	بجعة
Flamant	نحام
Héron	هيرون
Manchot	البطريق
Moineau	عصفور
Mouette	نورس
Oeuf	بيضة
Oie	إوز
Paon	الطاووس
Perroquet	ببغاء
Pélican	البجع
Poulet	دجاج
Toucan	طوقان

Pays #1
البلدان #1

Afghanistan	أفغانستان
Allemagne	ألمانيا
Argentine	الأرجنتين
Brésil	البرازيل
Canada	كندا
Espagne	إسبانيا
Équateur	الإكوادور
Finlande	فنلندا
Inde	الهند
Israël	إسرائيل
Libye	ليبيا
Mali	مالي
Maroc	المغرب
Nicaragua	نيكاراغوا
Norvège	النرويج
Panama	بنما
Philippines	الفلبين
Pologne	بولندا
Roumanie	رومانيا
Venezuela	فنزويلا

Pays #2
البلدان #2

Albanie	ألبانيا
Chine	الصين
Danemark	الدنمارك
France	اسنرف
Haïti	هايتي
Indonésie	إندونيسيا
Irlande	أيرلندا
Jamaïque	جامايكا
Japon	اليابان
Kenya	كينيا
Laos	سوال
Liban	لبنان
Mexique	المكسيك
Ouganda	أوغندا
Pakistan	باكستان
Russie	ايسور
Somalie	الصومال
Soudan	السودان
Syrie	ايروس
Ukraine	أوكرانيا

Paysages
المناظر الطبيعية

Cascade	شلال
Colline	تل
Désert	صحراء
Estuaire	مصب
Fleuve	نهر
Geyser	سخان
Glacier	مثلجة
Grotte	كهف
Iceberg	جبل جليد
Île	جزيرة
Lac	بحيرة
Marais	مستنقع
Mer	بحر
Montagne	جبل
Oasis	واحة
Péninsule	شبه جزيرة
Plage	شاطئ
Toundra	تندرا
Vallée	وادي
Volcan	بركان

Physique
الفيزياء

Accélération	تسريع
Atome	ذرة
Chaos	فوضى
Densité	كثافة
Expansion	توسع
Électron	إلكترون
Formule	معادلة
Fréquence	تردد
Gaz	غاز
Gravité	جاذبية
Magnétisme	المغناطيسية
Masse	كتلة
Mécanique	ميكانيكا
Molécule	مركب
Moteur	محرك
Nucléaire	نووي
Particule	جسيم
Relativité	النسبية
Universel	عالمي
Vitesse	سرعة

Plantes
النباتات

Arbre	شجرة
Baie	بيري
Bambou	بامبو
Botanique	علم النبات
Buisson	شوب
Cactus	صبار
Engrais	سماد
Feuillage	أوراق الشجر
Fleur	زهرة
Flore	النباتية
Forêt	غابة
Grandir	تنمو
Haricot	فاصوليا
Herbe	عشب
Jardin	حديقة
Lierre	لبلاب
Mousse	طحلب
Pétale	البتلة
Racine	جذر
Végétation	نبت

Professions #1
المهن #1

Ambassadeur	سفير
Artiste	فنان
Astronome	فلكي
Avocat	محامي
Banquier	مصرفي
Bijoutier	صائغ
Cartographe	رسام خرائط
Chasseur	صياد
Danseur	راقصة
Entraîneur	مدرب
Éditeur	محرر
Géologue	جيولوجي
Infirmière	ممرض
Médecin	طبيب
Pianiste	عازف البيانو
Plombier	سباك
Pompier	رجال الاطفاء
Psychologue	علم النفس
Scientifique	عالم
Vétérinaire	طبيب بيطري

Professions #2
المهن #2

Astronaute	رائد فضاء
Bibliothécaire	أمين المكتبة
Biologiste	أحيائي
Chercheur	باحث
Chirurgien	جراح
Dentiste	طبيب أسنان
Détective	محقق
Enseignant	مدرس
Illustrateur	المصور
Ingénieur	مهندس
Inventeur	مخترع
Jardinier	بستاني
Journaliste	صحفي
Linguiste	لغوي
Médecin	طبيب
Peintre	دهان
Philosophe	فيلسوف
Pilote	طيار
Professeur	أستاذ
Zoologiste	عالم الحيوان

Psychologie
علم النفس

Clinique	مرضي
Cognition	ةفرعم
Comportement	كولس
Conflit	عازن
Ego	الأنا
Enfance	ةلوفطلا ةلحرم
Émotions	العواطف
Évaluation	ميقت
Idées	الأفكار
Inconscient	فاقد الوعي
Influences	تاريثأت
Pensées	أفكار
Perception	الإدراك
Personnalité	ةيصخش
Problème	ةلكشم
Rendez-Vous	دعوم
Réalité	عقاو
Rêves	أحلام
Sensation	إحساس
Thérapie	جالع

Randonnée
التنزه

Animaux	الحيوانات
Bottes	أحذية
Camping	ميخت
Carte	ةطيرخ
Climat	خانم
Dangers	المخاطر
Eau	ماء
Falaise	جرف
Fatigué	بعتم
Lourd	ليقث
Météo	سقط
Montagne	لبج
Nature	ةعيبط
Orientation	اتجاه
Parcs	الحدائق
Pierres	الحجارة
Préparation	ريضحت
Sauvage	يرب
Soleil	سمش
Sommet	ةمق

Remplir
للتعبئة

Baril	ليمرب
Bassin	ضوح
Boîte	ةبلع
Bouteille	ةجاجز
Caisse	قفص
Carton	نوترك
Dossier	دلجم
Enveloppe	فلغم
Navire	ءاعو
Panier	ةلس
Paquet	ةمزح
Plateau	ةينيص
Poche	بيج
Pot	ةرج
Sac	سيك
Seau	دلو
Tiroir	الدرج
Tube	أنبوب
Valise	رفس ةبيقح
Vase	ةيرهز

Restaurant #2
2 مقر مطعم

Boisson	بورشم
Chaise	يسرك
Cuillère	ةقعلم
Déjeuner	ءادغ
Délicieux	ذيذل
Dîner	ءاشع
Eau	ماء
Épices	لباوت
Fourchette	ةكوش
Fruit	فاكهة
Gâteau	كيك
Glace	ديلج
Légumes	تاورضخ
Nouilles	المعكرونة
Oeuf	ضيب
Poisson	كمس
Salade	ةطلس
Sel	حلم
Serveur	النادل
Soupe	حساء

Réchauffement Climatique
الاحتباس الحراري

Arctique	القطب الشمالي
Attention	انتباه
Climat	خانم
Crise	أزمة
Développement	روطت
Données	البيانات
Environnemental	البيئة
Énergie	ةقاط
Futur	لبقتسم
Gaz	زاغ
Générations	الأجيال
Gouvernement	ةموكح
Habitats	تائيب
Industrie	ةعانص
International	دولي
Législation	عيرشت
Maintenant	الآن
Populations	السكان
Scientifique	عالم
Températures	درجات الحرارة

Santé et Bien-Être #1
الصحة والعافية #1

Actif	طشن
Bactéries	ايريتكب
Blessure	إصابة
Clinique	ةدايع
Faim	عوج
Fracture	رسك
Habitude	ةداع
Hauteur	ارتفاع
Hormone	الهرمونات
Médecin	بيبط
Médicament	ءاود
Muscles	تالضع
Os	ماظع
Peau	دلج
Pharmacie	ةيلديص
Posture	الموقف
Réflexe	سكعنم
Thérapie	جالع
Traitement	العلاج
Virus	سوريف

Santé et Bien-Être #2
الصحة والعافية #2

Allergie	حساسية
Anatomie	تشريح
Appétit	شهية
Corps	جثة
Déshydratation	تجفاف
Diète	حمية
Énergie	طاقة
Génétique	علم الوراثة
Hôpital	مستشفى
Hygiène	النظافة
Infection	عدوى
Maladie	مرض
Massage	تدليك
Nutrition	تغذية
Poids	وزن
Récupération	التعافي
Sain	صحي
Sang	دم
Stress	ضغط
Vitamine	فيتامين

Science-Fiction
الخيال العلمي

Atomique	ذري
Cinéma	سينما
Explosion	انفجار
Extrême	متطرف
Fantastique	رائع
Feu	نار
Futuriste	مستقبلية
Illusion	وهم
Imaginaire	وهمي
Livres	الكتب
Lointain	بعيد
Monde	العالمية
Mystérieux	غامض
Oracle	وحي
Planète	كوكب
Réaliste	واقعي
Robots	الروبوتات
Scénario	السيناريو
Technologie	تقنية
Utopie	يوتوبيا

Technologie
تقنية

Affichage	عرض
Blog	مدونة
Caméra	كاميرا
Curseur	المؤشر
Données	البيانات
Écran	شاشة
Fichier	ملف
Internet	إنترنت
Logiciel	برمجيات
Message	رسالة
Navigateur	المتصفح
Numérique	رقمي
Octets	بايت
Ordinateur	الحاسوب
Police	خط
Recherche	بحث
Sécurité	أمن
Statistiques	الإحصاء
Virtuel	افتراضية
Virus	فيروس

Temps
الوقت

Année	سنة
Annuel	سنوي
Après	بعد
Aujourd'Hui	اليوم
Avant	قبل
Bientôt	قريبا
Calendrier	تقويم
Décennie	العقد
Futur	مستقبل
Heure	ساعة
Hier	أمس
Jour	يوم
Maintenant	الآن
Matin	صباح
Midi	وقت الظهيرة
Minute	دقيقة
Mois	شهر
Nuit	الليل
Semaine	أسبوع
Siècle	قرن

Types de Cheveux
أنواع الشعر

Argent	فضة
Blanc	أبيض
Blond	أشقر
Boucles	تجعيد الشعر
Brillant	لامع
Chauve	أصلع
Coloré	ملون
Court	قصيرة
Doux	ناعم
Épais	سميك
Frisé	مجعد
Gris	رمادي
Long	طويل
Marron	بني
Mince	رقيق
Noir	أسود
Ondulé	متموج
Sain	صحي
Sec	جاف
Tressé	مضفر

Univers
الكون

Astéroïde	الكويكب
Astronome	فلكي
Astronomie	علم الفلك
Atmosphère	الغلاف الجوي
Céleste	سماوي
Ciel	سماء
Cosmique	كوني
Équateur	خط الاستواء
Horizon	أفق
Inclinaison	إمالة
Latitude	خط العرض
Longitude	خط الطول
Lune	قمر
Obscurité	ظلام
Orbite	فلك
Solaire	شمسي
Solstice	الانقلاب
Télescope	مقراب
Visible	مرئي
Zodiaque	البروج

Vacances #2
ةلطع #2

Aéroport	راطم
Camping	ميیخت
Carte	ةطيرخ
Destination	ةهجو
Étranger	أجنبي
Hôtel	قدنف
Île	ةريزج
Loisir	الترفيه
Mer	رحب
Passeport	رفس زاوج
Plage	ئطاش
Restaurant	معطم
Réservations	الحتفظات
Taxi	تاكسي
Tente	ةميخ
Train	راطق
Transport	النقل
Vacances	ةلطع
Visa	ةريشأت
Voyage	ةلحر

Véhicules
المركبات

Ambulance	فاعسإ ةرايس
Avion	ةرئاط
Bateau	براق
Bus	ةلفاح
Camion	ةنحاش
Caravane	ةلفاق
Ferry	العبارة
Fusée	خوراص
Hélicoptère	رتبوكيله
Métro	ورتم
Moteur	كرحم
Navette	المكوك
Pneus	الإطارات
Radeau	فوط
Scooter	رتوكس
Sous-Marin	ةصاوغ
Taxi	تاكسي
Tracteur	رارج
Vélo	ةجارد
Voiture	ةرايس

Vêtements
سبالم

Bracelet	راوس
Ceinture	مازح
Chapeau	ةعبق
Chaussure	ءاذح
Chemise	صيمق
Chemisier	ةزولب
Collier	ةدالق
Foulard	حاشو
Gants	قفازات
Jeans	زنيج
Jupe	ةرونت
Manteau	فطعم
Mode	ةضوم
Pantalon	لاورس
Pull	ةرتس
Pyjama	مون سابل
Robe	ناتسف
Sandales	لدانص
Tablier	رزئم
Veste	السترة

Ville
ةنيدم

Aéroport	راطم
Banque	كنب
Bibliothèque	ةبتكم
Boulangerie	زبخم
Cinéma	امنيس
Clinique	ةدايع
École	ةسردم
Fleuriste	روهز قسنم
Galerie	ضرعم
Hôtel	قدنف
Marché	قوس
Musée	فحتم
Pharmacie	صيدلية
Restaurant	معطم
Salon	نولاص
Stade	بعلم
Supermarché	تكرام ربوس
Théâtre	حرسم
Université	ةعماج
Zoo	حديقة حيوان

Félicitations

Vous avez réussi !

Nous espérons que vous avez apprécié ce livre autant que nous avons pris plaisir à le concevoir. Nous faisons de notre mieux pour créer des livres de la meilleure qualité possible.
Cette édition est conçue pour permettre un apprentissage intelligent et de qualité en se divertissant !

Vous avez aimé ce livre ?

Une Simple Demande

Nos livres existent grâce aux avis que vous publiez. Pourriez-vous nous aider en laissant un avis maintenant ?

Voici un lien rapide qui vous mènera à votre page d'évaluation de vos commandes :

BestBooksActivity.com/Avis50

CHALLENGE FINAL !

Défi n°1

Êtes-vous prêt pour votre jeu bonus ? Nous les utilisons tout le temps mais ils ne sont pas si faciles à trouver. Voici les **Synonymes** !

Notez 5 mots que vous avez trouvés dans les puzzles notés ci-dessous (n°21, n°36, n°76) et essayez de trouver 2 synonymes pour chaque mot.

Notez 5 Mots du ***Puzzle 21***

Mots	Synonyme 1	Synonyme 2

Notez 5 Mots du ***Puzzle 36***

Mots	Synonyme 1	Synonyme 2

Notez 5 Mots du ***Puzzle 76***

Mots	Synonyme 1	Synonyme 2

Défi n°2

Maintenant que vous vous êtes échauffé, notez 5 mots que vous avez découverts dans les Puzzles n° 9, n° 17, n° 25 et essayez de trouver 2 antonymes pour chaque mot. Combien pouvez-vous en trouver en 20 minutes ?

Notez 5 Mots du ***Puzzle 9***

Mots	Antonyme 1	Antonyme 2

Notez 5 Mots du ***Puzzle 17***

Mots	Antonyme 1	Antonyme 2

Notez 5 Mots du ***Puzzle 25***

Mots	Antonyme 1	Antonyme 2

Défi n°3

Formidable ! Ce défi final  n'est rien pour vous.

Prêt pour le dernier défi ? Choisissez 10 mots que vous avez découverts parmi les différents puzzles et notez-les ci-dessous.

1.	6.
2.	7.
3.	8.
4.	9.
5.	10.

Maintenant, composez un texte en pensant à une personne, un animal ou un lieu que vous aimez !

Astuce: Vous pouvez utiliser la dernière page de ce livre comme brouillon !

Votre Composition :

CARNET DE NOTES :

À TRÈS BIENTÔT !

Toute l'équipe

www.ingramcontent.com/pod-product-compliance
Lightning Source LLC
Chambersburg PA
CBHW082001160125
20423CB00045B/1445
9798896705123